OHSAMA BUNKO

世界の大富豪2000人がこっそり教えてくれたこと

トニー野中

三笠書房

CONTENTS

プロローグ

97パーセントの人が知らない真実
――ここから人生は変わり始める

「コインの裏側」を想像できますか？
……3パーセントの本当に幸せな成功者たちから学んだこと　16
もし4億円が当たったら、何に使う？　18
私が出会った、世にでていない「幸せな成功者」たち　20
ウォーレン・バフェットの大満足生活　23
心のブレーキをはずして、潜在能力を全開にする法　25
365日、幸せになれる「4つの習慣」　27
不幸が起こるサイン　29
私はどのようにして、「幸せなお金持ちたち」に出会ったのか？　31
「お金持ちになること」を人生のゴールにしないのがコツ　34
これが扉を開く〝幸運の鍵〟　36

第1の秘密

生き方

――大富豪になるための条件を明かそう

「なぜあの人は、大金持ちになれたと思う？」 40
……宝くじを当てた95パーセントの人は、5年以内に当選金を失う

〝夢にも思わなかった働き方〟をしている人がほとんど 42
……年に200回以上、ゴルフを楽しみながら！

1 「〝お金を払うこと〟とは、どういう意味だと思う？」 44
2 「〝生き金〟を使うことが大事なんだ」 47
3 神仏に願うことについて 49
4 「〝お金では買えない価値あるもの〟を大切にしているかい？」 51
5 「〝想像するだけで心地いいこと〟を究極の目標にするんだ」 53

6　究極のゴールへの〝最短近道〟　55

第2の秘密

仕事

――君は、何のために働いているのかい？

1　「どんな仕事を、職業に選んでいるかい？」　66
2　「仕事を楽しめているかい？」　69
3　「『原因』と『結果』、どちらに目を向けているだろうか？」　72
4　この口グセで強運体質に変わる　74
5　「1つ得たら、1つやるべきことがあるんだ」　77
6　「すべての『失敗』を『いい経験』に変える方法を1つ教えよう」　79

第3の秘密

お金

――大切にするから、信じられないほどお金にモテるんだ

「僕が大富豪になれた理由は、こんなに簡単なことなんだ」 82
……どうして1円もムダにしない使い方ができるのか？

「それでは真面目に一生懸命やっても、残念な結果になってしまうよ」 84
……大富豪は、目のつけどころが、まるで違う

1 「どこに一番、お金をかけているかい？」 86
2 「読んでいる本にも〝秘密〟があるんだ」 88
3 時代が変化しても稼ぎ続けられる人、没落する人 90
4 「たとえ少額でも、お金のやりとりは〝厳格〟にすべきなんだ」 92
5 お金を払うときの大原則 95

6 「大富豪になるような男は、女性におごられるのをどう思うだろう?」 97
7 〝支配される人生〟から抜けだすには 100

第4の秘密

富をふやす

――働かないでも、お金が入ってくる仕組みを持つんだ

1 眠っている間もお金をふやせる 104
2 「まさか〝一国の通貨〟だけでお金を持っていないだろうね?」 106
3 「働く時間と収入は比例しない。むしろ反比例するんだよ」 108
4 「大富豪は、家や車に、これしかお金をかけないんだ」 110
5 では、靴やカバンは? 113
6 土台を積み上げていくときのポイント 115

7 「借金については、どう考えるだろう？」 117
8 「〝お金を活かそう〟という心意気が、リターンに反映するんだ」 119

第5の秘密

時間

――大金を稼ぎつつ〝自由な時間〟もたっぷりあったら最高だろう？

「世の中で一番大切なものは何だと思う？」
……なぜ、たった5分の遅刻でそこまで怒るのか？ 122
「忙しすぎて何もできないなら、ある意味、お金がないのと同じだよ」
……時間の自由がある人、ない人 124
1 「待ち合わせ時間に遅れたとき、どうしているかい？」 126
2 思いついたことは、いつやるか 128
3 「〝自分でコントロールできないこと〟で悩んではいけないよ」 131

4 「〝忙しい〟という状態は、支配されていることなんだ」 133
5 「中途半端な休憩なんて不要さ」 135

第6の秘密

大好きなことをする

——仕事、旅行、遊び……時間をつくるのはこんなに簡単！

1 「〝イヤなこと〟から先に手をつけると、何倍もトクするんだ」 138
2 大富豪たちが早起きだというのは、本当か？ 140
3 「目覚めてから起き上がるまでの〝黄金タイム〟を使うんだ！」 142
4 「なぜ、ファーストクラスにしか乗らないのだと思う？」 144
5 「なんでも自分で抱え込む必要はないんだ」 146
6 「〝一番楽しいこと〟に、時間を当ててごらん」 148

7 「〝遊び〟から、こんな事業が生まれることもあるんだ」 150
8 この思い込みを捨てれば、バラ色に変わる 152

第7の秘密

人間関係

――恋人、友人、家族、メンターは、かけがえのない財産だよ

「今日、夕方から、上海に行かない?」
……「趣味」も「仕事」も、ともに楽しめる友人関係 156
「お金でつながる不幸な関係」「困ったときに頼れる人脈」
……間違いのないビジネス相手の見つけ方 158
1 「〝どんな人と親しくすべきか〟イメージできているかい?」 161
2 「こんな質問をしてくる青年は、応援したくなるね」 163

3 「つき合う人を、選んでいるだろうか？」 165
4 どうしたらお金持ちに、会えるのか 167
5 「こんな人からは、絶対に離れたほうがいい」 169

第8の秘密

人間的魅力をつける

――ハイレベルな人から一目おかれるコツを教えよう

1 「神様は、こうして答えを教えてくれるんだ」 172
2 なぜそんなに皆に、手厚くしてくれるのですか？ 174
3 「君にも、大富豪に与えられるものがある！」 176
4 会う場所選びも、重要 178
5 常識として知っておきたい「話題」がある 179

6 「〝幸せなお金持ちから好かれる外見〟を意識しなさい」 181
7 どの国の大富豪にも不思議と共通する習慣 183

第9の秘密

運命の人

――10年後も変わらず、その人を愛していると思うかい？

「好きな人と結婚しているようじゃダメだよ」
……なぜ、幸せなお金持ちに離婚する人はいないのか？ 186
「幸せな結婚ができるかどうか」のチェックテスト
……こんな相手なら、結婚しなさい！ 188
1 いいパートナーの見つけ方、選び方 191
2 相手の「将来性」を予測する 193

3 「何かを目当てに結婚しようとしていないかい？」 195
4 似ていていい部分、違っていていい部分 198
5 「やっぱり、浮気をして愛人を囲ってみたいかい？」 200
6 女性が大富豪になるプロセスは、男性とは少し違う 202
7 共稼ぎ夫婦への注意点 205
8 「妻（夫）や子どもに、どう接しているかい？」 208
9 子どもを「跡継ぎ」にしていいか 211

第10の秘密

心と体

――一生、元気でパワフルに、人生を楽しまなきゃね！

「自分の体に、いくらお金を投資しているかい？」 214
……幸せな成功者が「最悪」と考える2つのこと

「120歳まで予定がある人」「定年後が見えない人」 ……リハビリの回復度にも歴然の差 217
1 「毎日、体を動かしているかい?」 219
2 「これも〝脳が冴える〟いい刺激になるんだ」 221
3 「シンプルにすれば、ストレスがなくなるし、大きく稼げる」 223
4 良いストレスと、悪いストレス 227
5 「金持ちケンカせず」の真の意味 229
6 「食事には、気をつかっているかい?」 231
7 頭を空っぽにしてリラックスする習慣が、人生を飛躍させる 233
8 最終的には、これが一番の健康のコツ 235

編集協力　中川賀央

プロローグ

97パーセントの人が知らない真実

ここから人生は変わり始める

TRUTH

「コインの裏側」を想像できますか？

……3パーセントの本当に幸せな成功者たちから学んだこと

「トニー君、コインの裏側を見られなければ、チャンスはないよ」

ある大富豪から、口グセのように言われる言葉です。

あなたは〝大富豪〟という言葉から、どんなイメージを連想するでしょうか？

一生かけても使い切れないほどのお金を持ち、豪華な家に住み、高級車を何台も所有し、贅沢な暮らしを満喫している……。でも、羨ましい面ばかりではなくて、ヒマをもてあまし、周りには打算的でお金目当ての人ばかりが集まり、心をゆるせる友人がいない。心が安らがない……。

もしも、こんなイメージを思い浮かべてしまうなら、それは「コインの表側の世界」しか見ていないことのあらわれです。

確かに、いわゆる「成功者」や「お金持ち」と言われる人たちは、世の中全体で10パーセントほどいて、そのうちの7パーセントは、先の想像のように「お金はあっても時間がないとか、人間関係や健康に恵まれておらず、本当に幸せではない」と言われています。

けれども、**残り3パーセントの人たちだけは、違う**のです。

世の中には、莫大な富を築きながら、信頼できる愛すべき人に囲まれ、心満たされるとても快適な人生を送っている大富豪たちが、確実に存在しています。

そのすべてを手にしている「幸福な成功者たち」が、よく口グセにしているのが、「コインの裏側を見ろ」という言葉です。

なぜなら、残りの97パーセントの人たちと自分たちを分けているものこそ、この「コインの裏側」を知っているかどうか、にあるからです。

私は縁あって、この3パーセントの幸せな大富豪の方々にお会いする機会を多く持つことができました。

その中には、かのロスチャイルドに代表されるようなユダヤの大富豪や、華僑《かきょう》の大富豪、ドバイに住む大富豪もいます。また、誰もが知るセレブリティーであるトップアスリートもいます。世間にはほとんど名前を知られることなく、自由気ままに生活を楽しんでいる大富豪もいます。

私は彼らから、「コインの裏側」をとらえ、幸福な成功者になる法則を学びました。**本書でそのすべてを明かしていきます。**

もし4億円が当たったら、何に使う？

お金持ちになるために、一番重要なこととは何だと思いますか？

それは、儲けのノウハウでも、儲かるビジネスモデルを探し当てることでもあ

りません。まして、頭のよさや、体力、才能も関係ありません。

答えは、自分の「器」を大きくすることです。

たとえば、4億円の宝くじが当たったとしましょう。あなただったら、いったい何にそのお金を使うでしょう？

「貯金をします」「家を買います」「借金を返します」

そういう答えでは、まず〝幸せな成功者〟にはなれません。

なぜなら、いずれにおいても4億円は、どんどん使われて減っていき、最初は懐《ふところ》が豊かであっても、一生涯、「お金がどれくらい減ったか」を気にし続けていなければならないからです。それでは、幸福な生き方とは言えないでしょう。

なぜ、手に入れた4億円がどんどん減っていくのか？

それは、そもそも自分の器が、4億円以上の大きさがないからです。

これがたとえば、10億円の器のある人ならば、どうするでしょう？

ビジネスの糧にする、金や株や不動産に投資をする……方法はいろいろありますが、共通するのは、「その4億円をもとに、何かを始める」ということです。

つまり、「この4億円をどうやってふやすか」ということに頭が向かうのです。

そして最終的には、自分の器である10億円にふさわしい収入を得る。こうして、一生、**「使っても使っても、お金がふえていく楽しい日々」**をすごすのです。

そんな生活を想像できますか?

それこそが、私たちが知らない、大富豪たちだけが満喫している世界なのです。

私が出会った、世にでていない「幸せな成功者」たち

実際のところ、「お金を使っても、減ることがない」という、豊かなライフスタイルを築いているのは、ビル・ゲイツやウォーレン・バフェット、あるいはロ

スチャイルドといった著名人ばかりではありません。**世にまったくでていない無名の大富豪は、案外と多くいます。しかも日本にもいます。**

「いやあ、トニー君、お金って減らないね」

会うたびにそう言葉を投げかけてくれる彼は、80歳にして、200億円の資産を持っています。多くの不動産を所有し、毎日、愛犬と散歩がてらでかけていっては、汗水流しながら、自分が所有するマンションの掃除をしています。

別にケチで清掃会社を雇わないのではありません。

業者に委託もしつつ、さらに心を込めて、自分で細部まで清掃して回っているのです。そうやって毎日体を動かしているから、彼は非常に**「健康」**です。**いくつになっても、登山やスポーツを楽しみ、美味しいものを食べられる健康に恵まれているのです。**

また、彼らは、**「時間」**にもしばられていません。

「本場の韓国料理が食べたい」と思ったら1時間後には、もう韓国に向かっているという生活を現実に楽しんでいます。

そして、素晴らしい**「人脈」**にも恵まれています。

決して孤独なんかではありません。**愛すべきパートナーや家族、いつでも助けてくれる友人がおり、本当に豊かな人的ネットワークに恵まれています。**彼らのブレーンとなってくれる〝その道のエキスパート〟たちも揃っています。

お金にも、健康にも、時間にも、人にも恵まれ、好きなときに好きなことが自由にできる——それこそ私たちが知らない、幸福な大富豪の真の姿なのです。

こうした「幸せな大富豪」たちに共通しているのは、〝生活の糧を稼ぐために一生懸命に働く〟という考えがないということです。

その経済基盤のつくり方についても、本書で順に述べていきます。

ウォーレン・バフェットの大満足生活

「トニー君、お金で人は、幸せにはなれないんだよ」
「お金はゴールではない。必要な程度のお金があればいい。お金は、あってもなくてもいいのだ」

意外に思うでしょうが、実際には、幸せな大富豪ほど、お金に対してまったく貪欲ではないのです。これは非常に重要なポイントです。

ウォーレン・バフェットというアメリカの投資家の名は、よくご存じでしょう。毎年のように世界大富豪ランキングに入るお金持ちで、資産は6兆円とも8兆円とも言われています。

しかし彼は、今でも50年前に300万円程度で購入した田舎のこじんまりした質素な家に住み、その家と妻に買った指輪が、生涯で一番高い買い物だそうです。**ところが彼は、慈善団体には、惜しみなく多額の寄付をしています。自分が死んだあとも子どもに資産を残さず、99パーセントは寄付するそうです。**こうした清々しさを持っているから、彼のもとには利害関係を超えて、多くのファンが集まってくるのです。

大富豪の生活と言えば、ありあまるほどの物に囲まれた生活を想像しがちですが、幸せな大富豪ほど、いくら多く物を持っても幸福になれないことを知っています。だから、本筋を見失わないでいられるのです。

贅沢に明け暮れるお金持ちもいますが、彼らの周りには、やはり欲にまみれた人間ばかりが集まりますから、真に幸せではありません。そして、多くはお金に振り回されてすぐに没落していくのです。急に成功したベンチャー起業家やセレブたちほど離婚が多いことは、メディアを観ればすぐに実感できるでしょう。

しかし、私が知っている幸福な成功者で、離婚をする人など1人もいません。彼らはお金だけでなく、愛情にも人一倍、恵まれているのです。

心のブレーキをはずして、潜在能力を全開にする法

たとえ〝世の中には、すべてに恵まれた幸せな成功者がいる〟ということがわかったとしても、「自分も、そうなれる」とは、97パーセントの人が考えません。


あなたはいかがでしょうか？

ここに幸せな成功者と、そうなれない人の大きな違いがあります。

世界の億万長者たちの中には、私たちと同じか、それ以下の貧しさから身を起こした人も少なくありません。

重要なことは、彼らは決して、「自分が億万長者になれるわけがない」とは、考えなかったということです。

〝サーカスの蚤《のみ》〟の話を聞いたことがありますか。蚤を小さな瓶《びん》に閉じ込めて

おくと、しばらくは逃げようとして高く跳ねますが、何度もフタに当たって失敗するうちに、高く跳ぶことをあきらめるようになります。そして心にブレーキがかかって、瓶の外にだしても瓶の高さまでしか跳べなくなってしまうのです。

幸せな成功者になるのも同じで、私たちは3、4歳のころから、さまざまな世間の常識にもまれるうちに、「自分は、これくらいにしかなれない」というブレーキが心にかかります。

しかし、そのブレーキをはずしさえすれば、空高く跳べる能力は、また再び解放されるのです。しかも現在、どんな状況だろうが、学歴があろうがなかろうが、性別や年齢にもまったくとらわれず、大富豪になることはできます。

そして実は、この心のブレーキをはずすのは、驚くほど簡単です。

外でつかまえてきた元気な蚤と一緒にして、その蚤がはるか高くジャンプして逃げて行くのを見せてやればいいのです。するとブレーキがかかっていた蚤は「自分も跳べること」を思いだし、生まれ持った能力を取り戻します。

幸せな成功者たちは皆、富や地位を手にする前から、「自分も高く跳べる」と素直に思っています。

365日、幸せになれる「4つの習慣」

「成功者になりたければ、成功者の習慣を身につけなさい」

これは、大富豪になった人たちが、「あなたのように成功するにはどうすればいいか？」と聞かれたときに、必ず言う言葉です。

幸せな成功者たちは、成功してから「成功者のような習慣」を身につけたわけではありません。

成功者になる前から、まるで脳が錯覚するくらいに、あたかも自分が成功者であるかのような習慣を実践しているのです。

具体的にいえば、その習慣は次の4つに関連しています。

「お金（経済）の習慣」
「時間の習慣」
「健康の習慣」
「家族やパートナーも含めた人間関係（人脈）の習慣」

幸せな成功者になるということは、「お金」「時間」「健康」「人間関係」の、4つのことから自由になるということです。

この4つの習慣を身につければ、誰でも自然と幸せな成功者になっているのです。それが本書のテーマです。これは決して難しいことではありません。

たとえば大富豪は、多額の寄付をよくします。

東日本大震災のときに、孫正義さんが100億円の寄付をしたのは有名です。

それは、お金持ちだからできるのだろうと、多くの人は思うでしょう。しかし、彼は多額の財産を持っていなかったとしても何なりかの寄付したでしょう。

あなたがコンビニで買い物をしたときに、1円玉で数枚のお釣りがでた。ふと気づくと目の前に、義援金を募る募金箱がある。どうしますか？　入れますか？
〝額が少なかろうが、貢献する〟というメンタルを大きくしていった先に、幸せな億万長者としてふさわしいメンタルがあります。

幸せな大富豪になるための習慣は、ふだんの言葉遣いから、眠る前にするべきこと、はたまた、どんな人との関わりを大事にすべきかということまで、多岐にわたっています。本書では2000人に及ぶ幸福な大富豪にお会いした経験を踏まえ、そのすべてのエッセンスを読者の方々に提供させていただきます。

不幸が起こるサイン

お金持ちになったのに、不幸な人生を送ってしまう人は、例外なく、「経済」

「時間」「健康」「人間関係」という4つの自由のバランスが崩れています。

どれか1つが大きく欠けている、あるいは、1つだけ突出しすぎています。

典型的なのは、経済の自由だけが突出し、「人間関係」の部分が極端に悪くなっていくパターンでしょう。そういう若い社長をたくさん見てきました。

たとえば、IT企業を起ち上げてIPO（新規株式公開）で上場し、何百億円もの大金が入ってくると、すぐに豪邸や高級車を買い、金遣いが荒くなります。

また、「成功したのは、自分に才能があったからだ」と勘違いして、周囲の人への感謝がなくなっていきます。

すると、まず社員がついてこなくなり、優秀な人間がどんどん辞めていってしまいます。本人は「なんでついてこないんだ！　そんなヤツはいらない！」と息巻くばかりで、自身の心の変化を自覚できません。

同時に、それまで順調だった夫婦仲も、感謝がなくなることで壊れていきます。

陥落は、本当にあっというま。わずか2〜3年で会社も家庭も崩壊します。

「家にも帰らずに仕事ばかりしているから、社員もついてきている、会社の業績も順調に伸びている」と言う社長もいますが、そういう方の場合、本人ではなく、大事な家族が病気やイジメに遭うという問題が起こることが多くあります。

幸せな成功者には、そういうことがありません。

それを避ける秘密もお教えしていきます。

私はどのようにして、「幸せなお金持ちたち」に出会ったのか？

そもそもどうして私が、世に知られていない大富豪たちの教えを提供することができるのか？　疑問に感じる方もいるかもしれません。

私は、もともとエンジニアとして日本のメーカーに入社し、通産省（現、経済産業省）の国家プロジェクトで、飛行機の次世代ジェットエンジンの開発に携わることになりました。これは日米英独伊5カ国の共同プロジェクトでした。

そのプロジェクトメンバーとして、イギリスのロールスロイス社に駐在していたのです。ロールスロイスと言えば車を想像するでしょうが、1970年代以降は、自動車部門を切り離し、飛行機をつくる会社になっています。

そこで中型の民間旅客機のエンジン開発を通じて、自家用ジェット機にも携わったことで、**これを所有する多くの大富豪とお会いすることになった**のです。

私のライフワークが始まった瞬間でした。


その後、私は航空機素材として欠かせないチタンという金属に精通していたこともあり、アメリカのスポーツ用品メーカーにてゴルフクラブ開発者に転身します。まさにタイガー・ウッズやジョン・デーリー、フレッド・カプルス、グレッグ・ノーマンらが使うクラブの設計に携わることになったのです。

その結果、トッププロだけでなく、彼らを支援する多くの富裕層にもお会いすることができました。私もゴルフが大好きでしたから、皆が興味を持つゴルフクラブの話を通じて大勢の成功者たちと親密になれたのです。

その後、私が働いていた大手ゴルフ用品メーカーが株主同士の利権争いにより倒産させられ、別のメーカーからのヘッドハンティングにより面接のため渡米したときに、現地でお会いした日本人の方に借りた孫正義さんの本を読み、「これからはＩＴだ！」という新たな夢を持ちます。10年間慣れ親しんだゴルフ業界を離れる決意を固め、毎日、図書館で勉強を始め、ＩＴ企業に就職したのちに独立起業するにいたりました。

それと同時に、大富豪たちや幸せな成功者たちから学んだことを、多くの人に知らせたいと体系化し始めたわけです。

事業は必ずしも順風満帆だったわけではありません。ＩＴバブルの波にもまれ、一文無しになったことすらありますが、**本書でご紹介している大富豪たちの教えがあったからこそ、すぐに復活することができた**のだと思っています。

本書の教えの効果は、私自身が〝実証ずみ〟なのです。

「お金持ちになること」を人生のゴールにしないのがコツ

「トニー君、お金というのは、何かを達成するためのツールであって、それ自体がゴールではないんだ。それを忘れてはいけないよ」

私自身は、まだまだ大富豪の域には達していませんが、しかし、大富豪の教えを実践したことで、**わずか1年で、ほとんど無一文の状態から、憧れだった新車のフェラーリを所有できるまでになりました。**

自分でも驚くばかりです。

本書の教えを実践していけば、同じようなことが、あなたにも起こります。

けれども、「これだけは忘れてはならない」と、大富豪たちが口を酸っぱくして言うのは、お金はあくまで「目標を達成するための道具にすぎない」ということ。お金儲けをゴールにしたら、身を滅ぼすことになってしまうのです。

たとえばフェラーリにしても、単に物欲を満たすだけのものだったら、私も思い切って購入することはなかったでしょう。

私がフェラーリを購入したのは、それそのものがゴールではなく、自分の目標を達成するために必要不可欠なツールだったからです。また、それを所有することで「大富豪の教えの正しさ」が目に見える形で証明できましたし、もう一方では、富裕層からなるフェラーリオーナーたちという人脈を持つこともできました。

つまり、**フェラーリも1つの「道具」であり、自分を次のステップに進めるための手段にほかならない**わけです。

不幸になるお金持ちは、ここのところを間違えます。

年収が1000万円を超えると、5000万円の生活に憧れるようになり、死に物狂いに働いてそれを達成すると、今度は1億円を必死に追いかける……。

これでは、ネズミがエサを求めて走り回るラットレースと同じです。お金を稼いでいるようでいて、実はお金に働かされている状態であり、いつまでたっても心の平安は得られません。

幸福な成功者はそこをよくわかっているから、しっかりと、〝お金を超えたところ〟に、自分の目標を置いているのです。

では、どんなところに、自分のゴールを設定したらいいのでしょうか？

これが扉を開く〝幸運の鍵〟

2000人を超える成功者たちは、いったい、どんなことをゴールにして自らの人生を切り開いてきたのでしょう？

当然ながら、ゴールは人それぞれ違いますが、とある大富豪が言っていた、次の言葉に集約できるのではないかと思います。

「人生の目標とは、それを達成したら、次の日に死んでも後悔はしないというようなものだ」

つまり、**自分の人生をかけて、「これができれば私の人生はよかった」と思えるもの。**

生涯をかけて、「自分はそのために生まれてきた」と確信できるものです。

そうなると、「いつか社長になる」とか「1億円の貯金」ができたら「明日死んでもいい」という人は少ないはずです。

でもたとえば、「鉄鋼王」と呼ばれたアンドリュー・カーネギーは、いくら富を築いても真の幸福感は得られないことに気づき、「金持ちのままで死ぬのは、不名誉な死だ」と言って、人生をかけて慈善活動への投資を続けました。

具体的な目標のつくり方は53ページから述べますが、一代で大富豪となるような人たちは、「大富豪になる」という目標がほんのちっぽけなものに見えるような、壮大なゴールを描いています。

だからこそ生涯、追いかけて行くことができ、ずっと現役の楽しい人生を満喫できるのです。

そしてまた、そんなワクワクするゴールに対して同じように夢を描く素晴らしい人間関係が、周りにつくられていきます。

あなたもぜひ、そのような人生を歩んでいただきたいと思います。

第1の秘密

生き方

大富豪になるための
条件を明かそう

LIFE STYLE

「なぜあの人は、大金持ちになれたと思う？」

……宝くじを当てた95パーセントの人は、5年以内に当選金を失う

アメリカやイギリスでは、「宝くじを当てた人が、その後どうなったか？」という追跡調査が、よく行なわれます。

それによると、「宝くじの一等が当たった人の95パーセントが、わずか5年以内に手にした当選金の全てを失っている」といいます。「器のできていない人がお金を持っても身につかないこと」を、データは如実に証明しているわけです。

いいえ、当選金を失うどころか、それ以上のマイナスを被ることがあります。

たとえばアメリカでは、宝くじに当選すると、宝くじ売り場まで乗ったタク

シーの運転手まで「分け前を寄こせ！」と主張してくるそうですし、100万ドルを当てた1カ月後に毒殺されるという事件まで起こっています。

『となりの億万長者』（早川書房）というベストセラーで知られるトマス・J・スタンリーは、その著書で**「宝くじを買う頻度と、その人の資産レベルの間には、非常に顕著な反比例関係がある」**（『なぜ、この人たちは金持ちになったのか』日本経済新聞社）ということを証明しています。

それは、「お金があるから、宝くじなんて買わない」という理由だけではないのです。宝くじの当選確率など、計算すれば、ビジネスで成功する確率よりはるかに低いとすぐにわかります。

大富豪になるような人であれば、そんな確率の低いことよりも、もっと確実に稼げることに、時間とお金を投資しようと考えるのが当然でしょう。

それでも多くの人が宝くじをほしがり、〝当たる〟と評判の宝くじ売り場に朝から並んでいるのは、「楽して莫大な富が手に入る」という誘惑に逆らえないからです。

「君がお金持ちになれないのは、なぜだかわかるかい？」

それは、目標（ゴール）も使い道もはっきりさせないまま、「お金持ちになれば幸福になれる」と、大金を手にすることばかり考えているからです。

そうではなく、先に、「お金が入る器」のほうを育て上げなければなりません。

〝夢にも思わなかった働き方〟をしている人がほとんど

……年に200回以上、ゴルフを楽しみながら！

ビジネスの世界は、儲けを追求する世界ですから、つねに「利益を大きくしよう」「収入を上げよう」とするのが当然だと考えるかもしれません。

しかし、事実はそうでないのです。**幸せな成功者たちは、企業の経営者であっ**

ても、私たちが想像するのとは、まったく異なった働き方をしています。

たとえば、私の知る建築リフォームを営む中堅会社の社長である彼は、自分の会社から年収８０００万円ほどもらっているのですが、年に数回ほどしか会社に行きません。それも経費精算をするくらいで、実務は社員たちに任せっきりです。

では本人は何をしているのかと言えば、年に２００回以上も大好きなゴルフをし、海外旅行にも頻繁にでかけます。一年中大好きなことばかりしているのですから、さぞかし毎日が楽しくて仕方がないでしょう。

そんな状態では社員たちから、不満がでるのではないか？

しかし彼は、仕事をしていないわけではありません。ゴルフを通じて、お客さんをどんどんふやしています。しかも会社にはほとんど行かないものの、経営チェックはきちんとしていますので、社員たちからも、非常に尊敬されています。

海外の大企業のオーナー一族には、案外とこういう人たちがいます。**経営は雇った社長に任せ、自分たちは会社の権利収入で自由に暮らしています。**ときおり経営をチェックし、必要があれば人事に介入するわけです。

一方、多くの経営者は雇われ社長で、「何時間働いて、いくら」という、時間を切り売りする状態から抜けだせていません。自分で起業した人でさえも、売り上げを拡大することに追われ、仕事しかないような人生を送っています。

それでは多少のお金には恵まれたとしても、健康面や人脈面は満たされているとは言い難く、心の底から幸せを感じることはできないでしょう。

つまり、「幸せな成功者」を目指すには、時間と収入が比例するような仕事から抜けださなければならないのです。これが「経済の自由」の意味です。

Step1

「〝お金を払うこと〟とは、どういう意味だと思う？」

「幸せな経営者」と「不幸な経営者」のライフスタイルを比べると、いくら年収がふえても、それだけでは幸せになれないことに気づくでしょう。

幸せな成功者を目指すのであれば、本書で紹介する新しい習慣を一つひとつ積み上げ、〝お金についての考え方〟を変えていかなければなりません。

では、まず**大富豪たちにとって、「お金を払う」ということは、どういうことなのでしょう？**

「生き金を使わなきゃだめだよ」

そんなふうに大富豪の方はよく言います。たとえば、食事。大富豪や幸せな成功者は、もちろん一流の三ツ星レストランで食事をしますし、それこそ1本で何十万円もするワインを開けることだってあるでしょう。しかしそれは、「誰かと食事をするとき」に限ります。

自分一人だけ、あるいは家族だけで食事をするときは、むしろ質素です。「仕事中のランチはコンビニのおにぎり」「バナナだけ」という大富豪もいました。

つまり、「今そこまで、高いものを購入する必要はない」と思えば、一切お金は使わないのです。その代わり、「今、使うべきだ」と判断すれば、いくらだろうが惜しみません。
大富豪たちがクルーザーなどを所有するのも、**「そこで船上パーティを催して、仲間たちを楽しませるため」**です。見栄のために買っているわけではありません。そこをわかっていない人がそれを購入すれば、結局は維持費に追われ、処分せざるを得なくなるのです。

彼らがお金を使うときは、単に「ほしいから」というだけではなく、一つひとつ、きちんと目的があるのです。彼らのように、目的を考えて消費する習慣をつけなければ、ただ物欲のままにお金を使う生活から抜けだせません。

もし何かほしいものがあるなら、まず買う前に、「それを購入することによって、どんな価値が自分にプラスできるか？」と考えることです。

旅行にしても、ちょっと気分転換するためだけなら、そんなにお金をかけるだけの価値はありません。しかし、勉強になるなら、いくらかかろうがどんどん自己投資すればいいのです。あとは、それを元に自分のレベルを上げるだけなのですから。

✤「お金を払うことの意味」を考える習慣をつくる

Step 2

「〝生き金〟を使うことが大事なんだ」

「生き金の使い方」に関して、幸せな成功者に共通するのは、**「自分が成長するためにお金を使う」**ということです。

それは、たとえば本を買うことも、セミナーを受けることもそうでしょう。

成功している人を見ると、「お金がほとんどないときから、数万円もするような高額なセミナーに参加していた」という人が大勢います。これも、「その勉強には、額を凌駕するだけの価値がある」「自分の成長が期待できる」と確信したうえでの、ごく当たり前の投資と考えているわけです。

音楽好きな人は愕然とするかもしれませんが、幸せな成功者たちは、「好きだから」という理由でミュージカルやコンサートに行くことは、まずありません。

ただし、「勉強になる」とか、出演者との人間関係が大切だというのであれば、高い席を購入してでも参上します。これもやはり「成長に対する投資」でしょう。

「頑張ったから、ほしかったブランドもののバッグでも買おう！」

努力が実ってボーナスなどが入ると、「自分へのご褒美」をする方がよくいます。

でも残念ながら、幸せなお金持ちたちが、そんなふうに「自分へのご褒美」にお金を使うというのは、聞いたことがありません。

なぜかと言えば、お金の使い方が、未来でなく、過去に向いているからでしょう。ここで自分にご褒美をあげたら、そこで満足してしまう。それでは成長が止まってしまうのではないか……と。

そしてまた、そもそも彼らには、努力やチャレンジをする過程そのものが、遊びと同じように楽しいことだから、それ以上のご褒美を必要としないのです。

よく「ご褒美があればエネルギーがでてさらに頑張れる」などと言う人がいますが、実際のところ、そんなことはほしい物を買うためのこじつけで、何の効果もないことは経験した人にはわかるでしょう。

♔「自分へのご褒美」はしない

Step 3

神仏に願うことについて

よく、神社にお参りに行って、商売繁盛を祈願する方がいます。

いわば「儲け」を神様にお願いしているのでしょうが、幸せな成功者は、あまりそういった「神頼み」をすることがありません。**神様に対して、「○○がほしいから、ください、お願いします」と頼むことは、まずしないのです。**

間違ってはいけないのは、幸せな経営者や大富豪たちが、神や宗教を信じないということではありません。

大富豪には、熱心なキリスト教徒もいれば、イスラム教徒もいますし、日本人であれば毎年のように初詣を欠かさない人がほとんどです。ただ、神様や何か目に見えない存在に「願掛けをする」ことはありません。

というのも、お金を儲けたりその他の目標を達成したりするのは、あくまで自分の努力と自分の周りの人のお陰で成し遂げることであり、そのことで神様の力を借りようなどという発想が、もともとないからです。

むしろお参りなどをするのは、感謝の気持ちを伝えるためです。

「昨年は大きな売り上げを上げることができました。ありがとうございます」

願掛けもしていないのに感謝だけするというのも不思議な話ですが、大富豪の思考とは、こういう具合なのです。他力本願でお願いだけして、叶わなかったら神様に八つ当たりなんてことは、間違ってもありません。

✣神仏を頼まない

Step 4

「〝お金では買えない価値あるもの〟を大切にしているかい？」

モノを買うなどのお金を払う行為ひとつにも、大富豪と貧乏な人との考え方の間には、大きな違いがあると、おわかりいただけたと思います。

ただ、こうした考え方は、いくらでも変えていける部分です。まさに「幸せな成功者」になるためのファーストステップだと言えるでしょう。

さて、ここでもうひとつ、「経済の自由」を手に入れるために知っておいてほしいのは、大富豪ほど「世の中には、お金では買えないものがたくさんある」とキッチリ認識している事実です。お金が絶対だとは、決して思っていません。

「お金や、お金で買えるものを所有することは大いに結構だが、それと引き換えに〝お金で買えないもの〟を失ってはいけない」

これは編集長として、『サタデー・イブニング・ポスト』を発行部数300万部の人気誌に育てあげ、のちに企業家としても成功したジョージ・ロリマーの言葉。

大富豪同士の会話を聞いていても、「私のほうが金持ちだ」とか、「オレのほうがいい車を持っている」などと自慢をすることは、まったくありません。

自慢するとしたら、どれだけ健康かとか、どれだけ篤い友情に恵まれているかといった、「お金で買えないもの」についてであり、これは一緒に飲んで話をすれば、しょっちゅう話題にのぼります。

お金があれば豪邸は買えますが、家庭は買えません。

高級時計は買えるけれど、時間は買えません。

本は買えるけれど、知識は買えない。

地位や名誉は買えるけれど、尊敬は買えないのです。

いくら金持ちになっても、これらをなくしてしまえば悲惨です。大金を持つ前に、知っておくべきことです。

♔「お金で買えないもの」がたくさんあると知る

Step 5

「〝想像するだけで心地いいこと〟を究極の目標にするんだ」

「経済の自由」を手に入れるための次のステップは、**「目標をつくる」**です。

これは「幸せな成功者」になるために非常に重要な部分ですから、わかりやすく順を追って説明していきましょう。

プロローグの中で、**「大富豪たちが思い描くゴールは、〝それを達成したら、次の日に死んでも後悔しないもの〟」**と説明しました。「最終ゴール」とは、そのくらい情熱を傾けられ、心躍るものでなくてはなりません。

これは、テレビでセレブたちの生活を観て、「あんな暮らしをしてみたいなあ〜」と**漠然と憧れる程度では弱い**のです。**もっともっと、〝子どものころから一**

番望んでいたような、心地よいこと〟である必要があります。

自分にはそんなものはないと思うかもしれませんが、案外と誰にでも「子どものころからとても心地よく思っていたこと」はあります。

ただ、「そんなことを願っても仕方ない」とか、「それじゃメシが食えないから」と大人たちから言われ続け、心にブレーキがかかった状態になっています。

それを掘り起こしていけば、自分が望んでいる目標が見えてきます。

掘り起こす方法は簡単です。

たとえば、**夜眠りかけたときや、昼間、電車に乗ったりしてウトウトと気持ちがよくなった瞬間**を利用します。このとき脳はアルファ波を発し、心のブロックが外れた状態になっています。その状態で思いついたことを、なんでもいいからメモするのです。

「産みたての卵で、卵かけご飯を食べたら美味しいだろうな……」

こんなことだって構いません。

たわいなく見えても、実はそこには「都会の喧噪から離れ、田園で楽しく仕事をしたい」といった願望が隠れている可能性もあるわけです。ひょっとしたら将来、農業に転向して大成功するかもしれません。このように心地いいと思える目標を探ることが、第一歩です。

「想像するだけで心地よくなること」を目標にする

Step 6

究極のゴールへの〝最短近道〟

私の研修プログラム（トニーのメンタープログラム）では、さまざまな手法で、「次の日に死んでも後悔しない目標」や「想像するだけで心地よくなれる目標」をつくっていきます。

もちろん、そうして掘り起こした目標も、ただ紙に書いて壁に貼っておくだけでは達成できません。ではどうするかと言えば、**ゴールから逆算して「何歳のときに何を実現する」というバックキャスト法で、段階的な到達目標を刻んでいくのです。**そう、**「これからの人生の年表」**をつくるわけです。

「次の日に死んでも後悔しない目標」は人生の達成地点ですから、90歳でも100歳でもいいのですが、そこが年表の最後になります。

たとえば「自分の葬式に1000人きてくれれば、それが僕の集大成です」と決めた方がいました。なかなか壮大な目標でしょう。彼は自分の人生に〝生きた証〟を強く求めたのです。

しかし1000人にきてもらうとなると、それだけの関わりをこれからつくらなければいけないわけです。

その人は個人で税理士をしていましたから、顧客会社の社長1000人と人生を終えるまでのおつき合いをすることで葬儀に1000人来てもらおうと考えました。でも税理士というのは、個人経営が基本なので、単純に「顧客1000人規模の会社をつくる」というわけにはいきません。

そこで、このゴールを達成するために、たとえば、いくつもの大きな会社を顧問先にして、1人でなくチームで面倒を見ていくようにする。さらにUSCPA（米国会計士資格）を取り、ワールドワイドに顧客層を広げることで、ついでに老後をハワイですごすという夢まで達成しようと考えたのです。

では、それらのことを何歳までにやればいいか？　そのために今年中に何をすればいいか？　こんなふうに逆算していくことで、今後の人生のプランがつくられていくのです。

この方の事例を元に、58ページに「これからの人生の年表」の見本を掲載しましたが、ここには自分のことだけでなく、自分の周りの人のことも書いています。

面白いもので、周りの人の年齢を記入すると、自分の目標がどれくらい現実的であるかわかるのです。

ある39歳の女性の例がいい事例です。

			家族			
役職	資格	住居	妻(夫)年齢	子供年齢	親年齢	行事・イベント
営業スタッフ		東京都の社宅				
営業主任						
係長		埼玉県の社宅	25			
			26			
			27			
			28	1	58	
課長			29	2	59	
			30	3	60	還暦祝い(親)
	簿記3級		31	4	61	
		一戸建て購入	32	5	62	
	簿記2級		33	6	63	小学校入学
			34	7	64	結婚10周年記念
CA			35	8	65	
	簿記1級		36	9	66	
			37	10	67	
	税理士資格		38	11	68	
公認会計士	公認会計士		39	12	69	中学校入学
			40	13	70	
	中小起業診断士		41	14	71	
			42	15	72	高校入学
			43	16	73	
社長			44	17	74	結婚20周年記念
	英検2級		45	18	75	大学入学
			46	19	76	
	TOEIC600点		47	20	77	成人式
	TOEIC900点		48	21	78	
			49	22	79	
			50	23	80	
			51	24	81	
	米国公認会計士		52	25	82	
	USCAP		53	26	83	娘の結婚式
			54	27	84	結婚30周年記念

未婚の場合は
願望として記入

現在から、まずは過去の実績を
記入することから始めると
書きやすい

●例――税理士の男性の「これからの人生年表」

自分					
西暦	年齢	年収	資産	人生のゴール（目標）	勤め先（ビジネス/ライフワーク）
1990	22	¥2,800,000	¥1,000,000		△△株式会社
1991	23	¥3,000,000	¥1,500,000		
1992	24	¥3,100,000	¥2,000,000		
1993	25	¥3,300,000	¥2,500,000		
1994	26	¥3,300,000	¥3,000,000		
1995	27	¥3,400,000	¥3,500,000		
1996	28	¥3,400,000	¥4,000,000		
1997	29	¥3,400,000	¥4,500,000		
1998	30	¥3,500,000	¥5,000,000		
1999	31	¥3,500,000	¥5,500,000		
2000	32	¥3,500,000	¥6,000,000		
2001	33	¥3,500,000	¥6,500,000		
2002	34	¥3,500,000	¥7,000,000		
2003	35	¥3,600,000	¥8,000,000		
2004	36	¥3,600,000	¥10,000,000	貯金1000万円達成	
2005	37	¥3,600,000	¥1,000,000		
2006	38	¥3,600,000	¥1,500,000		
2007	39	¥3,600,000	¥2,000,000	プライベートの友人500人	
2008	40	¥4,000,000	¥2,500,000		○○監査法人株式会社
2009	41	¥4,000,000	¥3,000,000		
2010	42	¥4,000,000	¥3,500,000		
2011	43	¥4,500,000	¥4,000,000		
2012	44	¥4,500,000	¥4,500,000		
2013	45	¥4,500,000	¥5,000,000		
2014	46	¥5,000,000	¥5,500,000		
2015	47	¥5,000,000	¥6,000,000		
2016	48	¥7,000,000	¥8,000,000	担当顧客100社	
2017	49	¥10,000,000	¥10,000,000		独立起業（会計事務所）
2018	50	¥11,000,000	¥12,000,000		
2019	51	¥11,000,000	¥14,000,000		
2020	52	¥11,000,000	¥16,000,000		
2021	53	¥11,000,000	¥18,000,000		
2022	54	¥20,000,000	¥20,000,000		
2023	55	¥30,000,000	¥22,000,000		
2024	56	¥35,000,000	¥24,000,000		
2025	57	¥40,000,000	¥26,000,000		
2026	58	¥40,000,000	¥28,000,000		
2027	59	¥40,000,000	¥30,000,000	顧客500社	

			家族			
役職	資格	住居	妻(夫)年齢	子供年齢	親年齢	行事・イベント
			55	28	85	還暦(本人)
		ハワイ・オアフ島にマンション	56	29	86	
			57	30	87	
			58	31	88	
			59	32	89	
			60	33	90	
会長			61	34	91	
			62	35	92	
			63	36	93	
			64	37	94	
		ハワイ・マウイ島に一軒家	65	38	95	
			66	39	96	
			67	40	97	
			68	41	98	
			69	42	99	
			70	43	100	
			71	44		
			72	45		
			73	46		
			74	47		
			75	48		
			76	49		
			77	50		
			78	51		
			79	52		
			80	53		
			81	54		
			82	55		
			83	56		
			84	57		
		軽井沢に一軒家	85	58		
			86	59		
			87	60		
			88	61		
			89	62		
			90	63		
			91	64		
			92	65		
			93	66		
			94	67		
			95	68		

ゴールにたどりつくまでの途中は毎年(その都度)変更してもよい

していく)で埋めていく

自分					
西暦	年齢	年収	資産	人生のゴール(目標)	勤め先(ビジネス/ライフワーク)
2028	60	¥25,000,000	¥29,500,000		米国法人設立(ハワイ州)
2029	61	¥25,000,000	¥29,000,000		
2030	62	¥25,000,000	¥28,500,000		
2031	63	¥25,000,000	¥28,000,000		
2032	64	¥25,000,000	¥27,500,000		
2033	65	¥25,000,000	¥27,000,000		
2034	66	¥25,000,000	¥26,500,000		
2035	67	¥25,000,000	¥26,000,000		
2036	68	¥25,000,000	¥25,500,000		
2037	69	¥25,000,000	¥25,000,000	顧客1000社	
2038	70	¥1,000,000	¥24,500,000	投資家生活スタート	退職(ハワイ暮らし) 4つの自由を得た 成幸者生活
2039	71	¥1,000,000	¥24,000,000		
2040	72	¥1,000,000	¥23,500,000		
2041	73	¥1,000,000	¥23,000,000		
2042	74	¥1,000,000	¥22,500,000		
2043	75	¥1,000,000	¥22,000,000		
2044	76	¥1,000,000	¥21,500,000		
2045	77	¥1,000,000	¥21,000,000		
2046	78	¥1,000,000	¥20,500,000		
2047	79	¥1,000,000	¥20,000,000		
2048	80	¥0	¥19,500,000		
2049	81	¥0	¥19,000,000		
2050	82	¥0	¥18,500,000		
2051	83	¥0	¥18,000,000		
2052	84	¥0	¥17,500,000		
2053	85	¥0	¥17,000,000		
2054	86	¥0	¥16,500,000		
2055	87	¥0	¥16,000,000		
2056	88	¥0	¥15,500,000		
2057	89	¥0	¥15,000,000		
2058	90	¥0	¥14,500,000	卒寿挨拶状を1500人へ送付	日本帰国
2059	91	¥0	¥14,000,000	葬式に1000人参列、生前葬	
2060	92	¥0	¥13,500,000		
2061	93	¥0			
2062	94	¥0			
2063	95	¥0			
2064	96	¥0			
2065	97	¥0			
2066	98	¥0			
2067	99	¥0			
2068	100	¥0			

バックキャスト法(未来から過去を逆算

人生のゴールは
途中で変更しない
(時期は変更OK)

彼女の夫は50代後半。〝歳の差カップル〟です。この彼女は60歳になったら現在の会社を定年退職して、夫と何か新しい仕事を始めたいと考えていました。でも、年表を記入してみると、彼女が60歳のとき、パートナーはもうほとんど80歳です。これでは「退職してから始める」では、遅すぎます。

それなら相手が60代のうちに動かなければいけない。ならば自分は45歳くらいまでには自立しよう、といった目標がでてくるわけです。

また、独身の方なら、結婚して子どもをつくって、マイホームを建てて……などと考えてみる。

いったい自分が何歳のときに子どもが大学に入るのか？ マイホームを建てるときに自分の収入がどれくらいであるべきか？ そう考えていけば、「悩んでいる場合じゃないぞ！」と、やるべきことが非常にリアルに見えてきます。

ただし目標を掲げるときは、「現在、自分がどうであるか」にとらわれず、自由に描くことが必須です。

多くの人は未来を、「今現在」を基準にして考えてしまいがちですが、それはまったくのナンセンスです。未来は自分次第で、いくらでも変わるのです。

途中はどれだけ変更しても構いません。最後だけはブレないようにするのが基本です。どんな道をたどろうが、最終的には目指すゴールにたどり着く！

そうであってこそ、目標に向かって努力することが「楽しいこと」になるのです。

✣究極のゴールから逆算して「人生年表」をつくる

《その他の究極のゴールのサンプル》

・「アフリカ難民のための食料支援と学校をつくる」

世界中で6秒に1人の子どもが餓死していることにショックを受け、なんとか救いたいと思った女性の小学校教師のゴールです。女優のオードリー・ヘップバーンのような方ですね。ヘップバーンは女優としての知名度と財産を使って成し遂げたわけですが、この小学校の教師は海外青年協力隊への関わりを持って、支援団体組織を使って成し遂げようと考えたようです。

ゴールまではまだ30年以上ありますが、現在はユニセフなどに募金をしながら語学に磨きをかけるため、英会話学校に通っています。

・「保健所で殺処分される犬の受け皿施設を建てる」

犬好きの男性の例です。日本では年間20万匹の犬猫が保健所で殺処分されていることにショックを受け、なんとか自分の力で少しでも多くの動物を救済できないかと考えてゴール設定した例です。

自分で田舎に土地を買って施設をつくるだけでは、とてもカバーしきれない数なので、小目標ではNPO法人の立ち上げをするなどして多くの賛同者を募り、資金を集める計画だけでなく、ペットを捨てない環境づくりや、動物病院と連携して避妊処置が受けられる環境の整備なども盛り込まれているようです。

第2の秘密

仕事

君は、何のために
働いているのかい？

WORK

Step1

「どんな仕事を、職業に選んでいるかい？」

「自分の意に沿わない仕事をするつもりはない。自分の好きなことを仕事にして、金持ちになる」

そう宣言して大富豪になったのは、アメリカの投資家ハーブ・エッカーです。

実は、幸せな成功者というのは、例外なく「好きなこと」を仕事にしています。

考えてみれば当然で、仕事には非常に辛い局面もありますし、大きな壁を越えなければいけない場面もあります。

「好き」でなかったら、それに立ち向かい続け、成功者の域に達することなどできません。それは、頂点を極めても、なお毎日のように練習を続ける一流のプロ野球選手やサッカー選手を見ればわかることでしょう。

私自身、社会人になり最初に入った会社で配属されたのは、航空機エンジンを開発・製造する事業所でしたが、旅客機や戦闘機が好きなわけでもジェットエンジンに興味があったわけでもありませんでした。しかし、ある情報誌に、成功者の一言としてこんなことが書いてあったのです。

「人間誰しも0（ゼロ）のつく歳に必ず大きなチャンスがやってくる。しかし、そのチャンスを活かせる人はほとんどいない」

もともと、その仕事が好きだったわけではなかったので、この成功者の一言に背中を押され、30歳になった年に本当に自分の好きな仕事にチャレンジしようと、転職する決意をしました。会社を辞めるときに上司から、「好きなことを仕事にするのはやめておけ。そんなことをしたら人生に楽しみがなくなる。楽しいことは趣味のままにしておいたほうがいい」と言われました。

おそらくは、それが多くの人の考えであり、現在も同じような感覚で仕事をしている人は多いのでしょう。

そしてそんな上司のアドバイスを聞き入れることなく、〝三度の飯〟よりも好きなゴルフ業界に転職し、ゴルフクラブの開発をすることになりました。

ジェットエンジンとゴルフクラブだなんて、まったく畑違いの別ものだと思うでしょう。ですが、実は、今ではゴルフクラブのドライバーに当たり前のように使われているチタン合金は、当時、ジェットエンジンや機体などの航空機素材としてしか使われていませんでした。ですから、私はチタン・ドライバーの先駆者としてそれまで培ってきた知識をゴルフクラブ開発に活かすことができたのです。

そして、ゴルフ業界で10年仕事をした後、ＩＴの時代に乗り遅れまいと、また〝0（ゼロ）のつく歳〟、40歳でＩＴ業界に転職し、その後、独立して会社を立ち上げたのです。

ただ、一貫してキャリアを築いてきたエンジニア時代と違って、会社の経営は簡単でありません。とたんに収入も落ちるので、当初は別のアルバイトをしながら仕事をしていたくらいです。**困難には何度も遭遇しましたが、やはり「好き」**

だったから乗り越えることができ、現在にいたるまで継続しているのです。

「仕事をするのは、お金を稼ぐため、生活するため」と言う人もいますが、そういう人は結局、たくさん稼いだとしても、ストレスで病気になったりしているわけです。

幸福な成功者はそんな人生を目指しませんし、ましてや大富豪となれば、お金を稼ぐだけの仕事などしていません。

♰「仕事は三度の飯より好きなこと」をする

Step 2

「仕事を楽しめているかい？」

「幸せな成功者は、好きなことを仕事にしている」と言いましたが、それは単純に、「漫画が好きだから漫画家になる」とか、「料理が好きだからレストランを経営する」といった話ではありません。

「好きなことを仕事にするために、今の会社を辞めなければならない」なんていうことはありません。

たとえば、オーナー経営者の一族で、家業を受け継ぐ人は大勢います。

でも、その家業が、自分が好きなことではなくて、「この家に生まれたのだから仕方がない」と妥協して継ぐ場合もあるでしょう。

そのように「やらなければいけないから」という理由で、好きになれないまま社長を続ける人は、じわりじわりと会社を没落させていきます。お金はあるかもしれませんが、幸福ではないでしょう。

しかし、自分なりに「こうしたら、もっとよくなるのでは？」と考え、親や祖先がやってきたことを発展させ、新しいステージへ会社を成長させる二代目、三代目は違います。

彼らは、「引き継いだ業種」が好きかどうかは問題にしておらず、**「その仕事の中で自分がどんな役割を果たすか」に、「好き」の焦点を当てている**のです。

「好きなこと」というのを、そのようにとらえれば、十分な幸福感を持って社長業を続けていけます。

現に偉大な経営者というのは、どんな商品やサービスを提供するにせよ、マネジメントという〝大好きな役割〟を通じて、「消費者や社員や株主に喜びを提供すること」にやりがいを感じているのが本当のところでしょう。

そうすると、たとえば「人と話すのが好き」な人は、どんな業種だろうと、営業などで持ち味を発揮していけますし、企画を考えるのが好きならば、交流会で会った人々に新しいアイデアをぶつけることもできます。現在会社員なら、「新規プロジェクトを立ち上げる」とか「副業をする」という方法もあります。

そう、自分の「好き」を発展させる手段はいくらでもあるのです。

ところで、**会社員の場合、忘れてはいけないのは、どんな仕事でも与えられた仕事は必ず、「好きな仕事」で成功するために必要な要素となる**ことです。

そう考えれば、与えられた仕事にも、俄然、興味がわいてくるでしょう。

私も、決して好きとは言えなかった営業職を何年か経験していますが、この経験が、「大好きな経営者の仕事」をするにあたり、非常に役立ちました。

幸せな成功者は、どんな仕事も「好きな仕事をするためのステップ」と考え、イヤイヤやることはありません。


♔「嫌いなのにやっていること」をなくしていく

Step3

「『原因』と『結果』、どちらに目を向けているだろうか?」

大富豪たちの仕事への考え方を伺っていると、「好きなことをやること」に加え、「それで成功することを疑わない」という信念のようなものが見えてきます。

実際に、大成功したビジネスパーソン600人に行なったアンケート調査によると、18項目あった質問の中で、**たった1つだけ、600人全員が「イエス」と**

解答した設問があったのです。その質問とは、

「あなたは若いときから、これで成功すると思っていましたか？」

「成功をする」とか「大富豪になる」というのは、1つの結果です。

幸せな成功者も大富豪も、「うまくいった」とか「儲かった」という結果の部分にはあまり目を向けません。うまくいって当然だと思っているわけです。

仮に失敗することがあっても、「最終的には必ずうまくいく」と思っているから、いちいち一喜一憂しません。

ただし、「どうしてうまくいったのか？」「なぜ失敗したのか？」という原因の部分は、しつこいほどに追及します。

たとえば、ロスチャイルドとゴルフをしたとき。

私がずいぶんと飛距離をだすと、「どうして君は、そんなに距離がでるんだ？」「そのクラブにはどんな秘密があるんだ？」と、こちらが困ってしまうくらい質問攻めにされました。私はゴルフクラブの設計をしていましたから、シャフトについて少々専門的な説明をするのですが、彼もちゃんと自分なりに研究をしてい

ますから、「なるほど、そういうことか！」と納得するわけです。

多くの人は、原因よりも結果に目を向け、その都度、「自分はダメだ」とか、「あの人には勝てない」などと、落ち込んでいます。

しかしそれは、一種の思考停止です。

重要なのは「なぜだ？」と、裏に隠れた要因を探ることです。そんな習慣をつければ、どんなにマイナスなことが起こったとしても、打開策を見つけ、チャンスに変えることができるでしょう。

✣「結果」よりも「原因」に目を向ける

Step 4

この口グセで強運体質に変わる

「やっぱりオレは運がいいんだよな」

この言葉を、「口グセ」のように使う大富豪は、大勢います。

原因に目を向ける合理性を持ちながら、一方では「どんなときでも、自分は運がいい」と楽観視する、極端なまでのプラス思考を持っています。

「自分は運が悪いけど、なぜかお金持ちになった」と言う人には、会ったことがありません。

お金持ちだから、それは運がいいだろうと誤解されがちですが、**彼らのマインドは、仮に悪いことが起こったとしても、「運がいい」なのです。**

「自分は運がいい」といつも口にしている大富豪に、こんな質問をしたことがあります。

その人は、貧しい家に生まれ、若いころは大変な苦労をされたのですが、その当時から「運がいい」と思っていたのですか？と。

「子どものころから、『自分は運がいい』って言っていたよね。幸せだったし、『それに僕は必ずお金持ちになる』と信じていたから」

そういう答えなのです。

放っておけば物事を悪い方向にとらえたがるのが人間の性《さが》です。でもそれは、自分自身を生かしておくために危険を察知し、避けるために備わっている「脳の自然な作用」です。たとえば山道を歩くときに「崩れるかも」と思えば、そこを避ける。その結果、事故に遭う可能性は少なくなるでしょう。

こうした原始時代から育まれてきた脳の機能が、現代になって「路頭に迷ったら困るから、今の会社にいよう」とか、「大損するかもしれないから、投資には手をださないでおこう」といった、成功を阻むブレーキになっているのです。

幸せな成功者たちは、どうやってこの脳のブレーキを外しているのか?

それが、「自分は運がいい」と確信することなのです。

まずウソでもいいから「運がいい」と口にしてみましょう。普通の人が躊躇して立ち止まってしまうようなリスクや壁も、根気よく努力を続けて乗り越えられるようになります。

✤自分は「運がいい」とつねに思う

Step 5

「1つ得たら、1つやるべきことがあるんだ」

「自分は運がいい」というメンタルをつくったあと、次にあなたに受け入れてほしい習慣は、「1つ得たら、1つ何かを差しだす」という習慣です。

「成功するためには、自分が何かを犠牲にすることが必要だ」

実際にそう言う成功者もいます。まさにギブ・アンド・テイクで、何かを手に入れたなら、その分、何かを捨てなければバランスが取れないのです。

これは理屈ではありません。

おそらく人間は、所有できるものの数が決まっているのだと思います。

科学的な根拠はありませんが、雨乞いをして雨が降ったときに生け贄《にえ》を差しだした太古の時代から、人の心には「受け取りすぎること」を回避する心理が働いているのかもしれません。

私はフェラーリを買ったときにタバコをやめましたが、このようにある程度、自分に試練を伴うものであれば、差しだすものは**〝悪習を断つこと〟**でも、**〝誰かのために無償で仕事を受けること〟**でもいいでしょう。

一番簡単なのは、募金や寄付だと思います。何かを購入したら、必ずお釣りを募金箱に入れるという人もいます。

「自分は何も手放したくない」と我欲に固執する人は、最後には騙されて大損するとか、離婚などの悲劇に見舞われて、結局「大きく失う」ことになります。

それもやはり、「ものを所有すること」に、心がとらわれているからでしょう。

そういう心情を捨てられない限り、「経済の自由」を手にしているとは言えません。

✤1つ得たら、1つ差しだす

Step6

「すべての『失敗』を『いい経験』に変える方法を1つ教えよう」

本章では、「経済の自由」を手に入れるための〝心の持ちよう〟を述べてきました。幸せな成功者になることを望む方々に最後に身につけてほしいのがこれです。

「トニー君、あきらめたら成功しないよ。道が閉ざされてしまうよ」
「成功するまで続ければ、失敗はすべて成功への過程の『いい経験』になる」

そう言ったのは、あの〝経営の神様〟と呼ばれた松下幸之助さんですが、「決してあきらめるな」ということを、多くの成功者や大富豪たちが述べています。

そもそも大富豪というのは、一般人が想像だにしないような、多くの試練を乗り越えてきて、それだけの富を築いた人たちなのです。

それは、ロスチャイルドのように先祖の財産を受け継いだ人でも同様です。やはり通常の人には考えられない、大きなプレッシャーと闘いながら、現在の地位に伴った仕事を続けているわけです。

目標や夢の大きさと、試練の度合いは比例しますから、大きい目標であれば、難易度の高い試練が押し寄せてきます。

それを誰もが、すんなりと乗り越えられるわけではありません。実際に世界の大富豪でも、会社を倒産させ、破産した人は大勢いるわけです。ところがそれすらも「成功するまでの過程」ととらえ、数年で再びもとのレベル以上のカムバックを遂げるのが、幸せな成功者なのです。

そうした不屈の強さを身につけるには、まずは「やろう」と決めたことを実践することです。三日坊主も10回繰り返せば、三日坊主ではなくなります。それを20回もやれば、いつのまにか「習慣」になります。本書の教えも、そういうつもりで実践していけばいいのです。

✣あきらめないことをクセにする

第3の秘密

お金

大切にするから、
信じられないほどお金にモテるんだ

MONEY

「僕が大富豪になれた理由は、こんなに簡単なことなんだ」

……どうして1円もムダにしない使い方ができるのか？

前章では、大富豪たちの「お金や将来についての考え方」を述べてきました。

本章では、「具体的なお金の使い方や経済基盤のつくり方」を見ていきます。

「お金を使う」と言いましたが、大富豪はあくまでお金を「使う」（＝何かの目的のために行使する）のであって、「遣う」（＝消費する）ではありません。

なぜかと言えば、たとえば大富豪に、「どうしてあなたは大富豪になれたのか？」と聞いてみましょう。返ってくるのは、決まってこんな答えです。

「それは別に僕の力ではないよ。力を貸してくれた人たちのお陰なんだ」

つまり自分が成功できたのは、誰かのお陰であって、決して独力で大富豪になったわけではないと考えています。

ビジネスを教えてくれた人や、部下として働いてくれた人、あるいはずっと下積み時代を支えてくれたパートナーたちのお陰と考えているから、その富で自分勝手に好きなものを買うことは、きわめて少ないのです。

この点で、大富豪のお金の使い方が、不幸な成功者のそれとはまったく異なります。

不幸な成功者は、「自分の力でお金を稼いだ」と自惚《うぬぼ》れて、高級車を何台も揃えるようなことをすぐに始めてしまいます。

ですが、ロスチャイルドのようなレベルの人まで含め、現実の大富豪は謙虚であり、質素です。単純な話、家の電気がつけっぱなしになっていたら、慌てて消しにくる大富豪というのは案外といいます。

つまり**「お金を授かったこと」に感謝しているから、１円たりともムダにしていいとは考えない**のです。

「それでは真面目に一生懸命やっても、残念な結果になってしまうよ」

……大富豪は、目のつけどころが、まるで違う

金遣いの荒い人が、不幸な成功者になり得るのは、理解できると思います。

しかし、真面目に一生懸命に働いていて成功したのに、結果的には不幸になってしまう人も多いのです。

いったい、どうしてでしょうか?

哀しい事例なのであまり紹介したくないのですが、私の友人の話をしましょう。

サラリーマンだった彼は、「レストランを開業したい」という夢を持っていて、それこそ寝る間も惜しんで働いていました。そして努力の末、2年間で3000

万円というお金を貯めることに成功しました。

しかし、働きすぎが、マイナスにでたのです。重い病気に罹《かか》って、その後2年間も入院することになり、せっかく貯めた3000万円を入院費として残らず使ってしまいました。要するに、無一文になってしまったわけです。

残念ですが、彼が幸福な成功者になれなかった理由は、大富豪の教えを学んだ私には、よくわかります。


幸福な成功者とそうでない人との、お金についての考え方で一番大きな違いと言えば、**普通の人は「お金を稼ぐ・貯める」でしかないことです。とにかく稼ぐことにガムシャラになる。**幸福な成功者は違います。

「お金を使う・ふやす」に、かなり意識を傾けています。

これは酪農家と肉牛家を比較すると、わかりやすいでしょう。

肉牛家は、牛を育てて売ったらそれで終わりです。手元に牛は残りません。

けれども酪農家であれば、1頭の牛からミルクを搾り続けられる間、ずっと収入はありますし、しかも牛はいなくなりません。これこそ幸福な成功者が、お金に対して考えていることなのです。

「中流以下の人間はお金のために働く。金持ちは自分のためにお金を働かせる」

これは有名なロバート・キヨサキ氏の著書『金持ち父さん 貧乏父さん』（筑摩書房）の言葉ですが、本章で学ぶのは、まさに**「お金を働かせること」**や、**「さらにお金がふえる使い方」**です。

Step1

「どこに一番、お金をかけているかい？」

幸福な成功者のお金の活かし方として、まず象徴的なのは、**「勉強に、惜しみなくお金を使う」**ということです。

実際、とあるお金持ちが、自分よりはるかに年収の低い講師が開催しているセミナーに参加していたのを見かけたことがあります。まさか彼がこんな場に来るとは思っていませんでしたから、私は「どうしてすでに十分な成功をしているのに、セミナーにわざわざくるのですか？」とたずねました。

すると、こんな答えが返ってきました。

「携帯電話だって充電していなかったら使えなくなるでしょう。人間も同じなんだよ。つねに充電を繰り返しておかないと、ベストコンディションは維持できないからね」

実際、幸福な成功者は、自分よりずっと社会的地位の低い人や、ずっと年齢の若い人からでも、積極的に学びます。なぜかと言えば、どんな人にも、必ずその人にしかない価値があると考えているからです。ですから、本当にどんな人の話も謙虚に聞き、ためになると思えば、素直に実践するのです。

もう1つ、大富豪たちの中には、**「神様は誰かの口を借りて必要なことを伝えてくる」**という考えを持つ人が多くいます。

つまり、「こういうことがわからない。これの答えは何だろう」と疑問を持てば、その答えは必ず提示される。それも、ごく普通の人の口を介して提示されることが多いと、経験上知っているのです。

大富豪たちがそれだけ勉強に熱心なのですから、そうでない人が何にお金を使うべきかと言えば、答えは明確でしょう。興味を持った勉強会などに、積極的に参加することから始めるといいでしょう。

✤勉強に時間とお金を惜しまない

Step2

「読んでいる本にも〝秘密〟があるんだ」

手軽に勉強できるという理由で、読書を愛する幸福な成功者は大勢います。

とくに大富豪たちは、「歴史の本」を好む傾向があります。

日本人ならば、日本史ばかりでなく、世界史の本もよく読みます。それは、

「つねに歴史は繰り返される」ことを知っており、また歴史上の人物から学べることが多いと考えているからでしょう。

歴史の中には「古典」も含まれると思いますが、近代日本の資本主義基盤を築いた大富豪、渋沢栄一などは『論語と算盤』という孔子研究の著書まで残しています。その勉強の質は、学者レベルに達していたと言えるかもしれません。

そのほかには、仕事とはあまり関連しない小説を読む人も多くいます。

私の知人には、自分がやるわけでもないのに、「釣りの本」を愛読している人がいました。なぜそんなものを読むのかというと、全然違った分野だから意識して読んでいるとのこと。

「トニーさん、カジキマグロを釣るときは、こういう気持ちがないとダメなんです。仕事にも大事なことですよ！」などとおっしゃるのですが、不思議な勉強法をする方もいるものだなと思ったものです。

また、**推理小説やホラー小説などの、人が死ぬような内容の小説を好む人は、ほとんどいません。**大富豪たちは、悲観的な情報を耳に入れることを、意図的に避ける傾向があります。

それは、「ネガティブなものを脳に植えつけると、自分の周りでもネガティブなことが起こる」ことを、経験として感じているからです。

大富豪の多くは、「時間のムダ」だという理由で、ニュース以外のテレビ番組はほとんど観ません。

ですが、見識を広める読書には、いくらでも時間を使います。

♰歴史に興味を持つ

Step3

時代が変化しても稼ぎ続けられる人、没落する人

「トニー君、今フェイスブックの友達申請を送るから、承認してくれよ」

そう言って、サッとスマートフォンをとりだし、パパッとフェイスブックから

通知を送る……。60代、70代の御仁《ごじん》がこれをやってしまうのです。

あなたはどう感じるでしょうか？

大富豪には、案外とこういう人が多いのです。

皆さんよく勉強されていますから、そのときどきの最新の機器にも、問題なくついていっています。ひょっとしたら若い人よりも詳しいかもしれません。

もちろん年輩のお金持ちの方の中には、**「パソコンが苦手」という人もいますが、そういう人には、資産が目減りしている人が多いもの**です。時代の変化についていけなければ、そうなっていくのも当然でしょう。

幸せな成功者たちには、〝自分が歳をとったから〟という感覚はありません。つねに現役であるゆえ、興味を持ったことや新しいことに、すぐにチャレンジするのです。

ビジネスについて新しい話を聞いたときは、すぐに調べて専門家にコンタクトをしようとします。

たとえば、「それについて詳しいエンジニアを紹介しましょうか？」などと話がでたときの大富豪の対応は、こうです。

「ありがとう、助かるよ。じゃあ今、連絡を取れるかい?」

今すぐ動く――この素早さは、ぜひとも見習うべきです。

時代の変化に敏感だということは、つねに自分のビジネスのやり方も変えていくということ。時代の変化とともに没落していくのは、やはり一過性の不幸な成功者たちが持つ特徴です。

最新の情報に敏感になる

Step 4

「たとえ少額でも、お金のやりとりは〝厳格〟にすべきなんだ」

次は、「お金の使い方」です。

これは、日本にきていたとある海外の大富豪と話していたときのこと。

彼は、その日本滞在中に、あるスポーツショップでゴルフクラブを買ったというのです。

ただ、自分で買いに行く時間がなかったので、日本に住む秘書にお金を渡して、代わりに買ってきてもらったそうです。

それを聞いて私が、「私もあそこへはよく行きます。ポイントカードも持っていますよ」と言ったところ、彼は急に「何？　そんなものがあるのか？」と顔色を変え、ゴルフクラブを買いに行った男性秘書を呼びつけ、問いただしました。

「ポイントカードなんてあるのか？」

「ありますが、新規でつくると時間もかかりますし、私が以前から持っているポイントカードに貯めさせていただきました」と秘書が気まずそうに答えると、

「それって、僕の買ったクラブのポイントを自分のものにしてしまったわけ？　ところで、どれくらいポイントがついたんだい？」

「1万円くらいです」

「じゃあ、その1万円を寄こせ！」

冗談でなく、彼は真剣にしつこく秘書に迫るわけです。

秘書にしてみれば、めったに来日しない大富豪にポイントカードをつくっても仕方ありませんから自分のポイントに加算したのですが、まさか何十億ものお金を動かしている人が、ポイントカードの1万円分をうるさく請求するとは、思いもしなかったのでしょう。

しかし、こうしたことに厳格なのが大富豪です。

どんなに小さな額であっても、受け取るべき金額を受け取らないことは、絶対に認められないのです。

タクシーから降りるときなど、車を長く停めておけない場合は、急いでお釣りをチップの代わりにすることはありますが、**基本的には、買い物をして、「お釣りはいらない」ということは、ありえない話**なのです。

これは要するに「取引の正当性」ということです。釣り銭をもらったあとに、その何倍もの額のチップを相手に払う大富豪もいます。

取引に対しては、ルーズであってはいけないのです。

少しの金額だからとその価値を軽んずる人は、やがてズルズルと多くのお金を失っていくことになります。

◆少額でも、お金のやりとりには厳格になる

Step5

お金を払うときの大原則

大富豪にとっての支払いは、「対価に見合った金額でなければならない」のが原則です。

たとえば、大阪在住の大富豪には、まるで〝値切り魔〟というくらいに、料金を値切る方がいます。ただそれはあくまで、「高いな」と思うから。「そんなに安いの？」と思ったら、喜んで即、お金をだしています。

海外の大富豪にもそんな感覚はありますが、とくにサービスに対しては非常に

厳格なところがあります。海外にはチップの文化があり、いいサービスをしてくれたら、それなりに多く報酬をだします。その辺はむしろ気前がいいくらいです。

しかし、サービスの質が悪いと、ものすごい剣幕で怒ることがあります。

「なんて融通が利かないんだ！」

私が大富豪の方と食事をしているときにも、そんな大クレームの場面にでくわしたことがあります。

ソーセージを注文したのですが、運ばれてきた皿には、人数が5人に対して、4本しか入っていなかったのです。

メニューには「4本で1500円」と書かれていたので、当然と言えば当然なのですが、「そんなことは関係ない。お客が5人なら、5本持ってくるのが当然だろう！」と大富豪は怒りだすわけです。

言わんとすることはわかりますが、そういうマニュアル対応でしか動かない接客に慣れてしまっていた私は、それをそんなに不自然なこととは感じません。

ただ、こういうところで気を遣えないのは、大富豪から見れば「サービス失格」だということ。

これも「対価にふさわしい価値が与えられていない」ことになります。

おそらく私たちは、「4本でいくら」という、サービスを提供する側の勝手な値段表示にしばられてしまっているのです。

「経済の自由」を手に入れている大富豪の柔軟な思考回路からすれば、値段がいくらになろうが、「5人いれば5人分の料理を持ってくる」のが、気くばりとして当たり前なのです。

✤対価に見合ったお金を払う

Step 6

「大富豪になるような男は、女性におごられるのをどう思うだろう?」

大富豪やお金持ちと初めて一緒に食事するときに多いのは、**「割り勘」にする**

ということです。2回目からは、たいてい相手がおごってくれます。ですから、ケチだというわけではないのですが、ではどうして最初は、自分よりお金を持っていない相手にも、お金を払わせるのでしょう?

これには2つ理由があります。

まず1つは、「お金で近づいてくる相手を見分ける」ためです。つまり、大富豪も相手が長くつき合える人物であることを期待しますから、「お金持ちにたかろう」としてやってくる人間をスクリーニングするわけです。

もう1つは、「自分とすごす時間に対して、お金を払う覚悟があるのか?」と、相手の本気度を試すという意味があります。

これは大富豪たちが、自身のセミナー料金を高額に設定するのと同じ理由です。投資に見合った価値を提供するというのが、大富豪の考え方であるわけです。

むろん大富豪の側が男性で、食事に招待される側が女性という場合でも、この原則は基本的に変わりません。

女性であれば、デートで男性におごられっぱなしというのは、注意しなければならないのです。大富豪になるようなレベルの高い男性であるほど、女性がどれだけ投資するかをちゃんと見ています。

そして、おごってもらってばかりいる女性よりも、デートで割り勘にする女性のほうが、成功者との結婚率は高いのです。そういう女性のほうが「将来にわたって長く一緒にいられる」と考えるのでしょう。

ちなみに、これまたお金持ちの男性たちの真実ですが、彼らは結婚後に**「妻に財布の紐を預けっぱなし」にすることは、まずありません。**妻に生活費を渡す形で、家計の管理は自分自身でしっかりしています。

「奥さんからもらえる小遣いが少ない」とワンコイン弁当をほおばりながら嘆くサラリーマンもいるようですが、そんな習慣でいる限り、幸せな成功者にはなれません。

少ないお金であっても、それを〝自分自身でマネジメントすること〟が、大事なのです。

✤お金の管理を人任せにしない

Step 7

〝支配される人生〟から抜けだすには

家計も含めて、自分の人生に関することは、すべて自分でコントロールするというのが、大富豪の発想です。

パートナー、会社、国家……など、自分以外の他者に依存するということがありません。

独力で生きていくからこそ、その基盤となるお金を大切にするのです。

「満40歳までの15年間は、馬鹿と笑われようが、ケチと罵《のの》しられようが、一途に奮闘努力、勤倹貯蓄、もって一身一家の独立安定の基礎を築く」

そんな目標を掲げたのは「蓄財の神様」と呼ばれた本多静六ですが、そういうお金だからこそ、自分で責任を持ってマネジメントするのが当然なのです。

一方で多くの人は、就職するまでは親にぶら下がり、その先は会社が支給する給料にぶら下がり、定年退職したら国家が配分する年金にぶら下がります。

このように「人がくれるお金」に頼っているようでは、いつまでたっても「経済の自由」は手に入らず、支配される人生のままです。

それを突破するには、少なくとも自分自身が1つの会社を経営しているような気持ちで、お金の出入りを決めていく姿勢が必要です。

「働いた時間に相当する給料をもらう」というのは、従業員の発想です。

従業員は、自分が受け取る給与の総額を決められませんし、つねに「クビを切られるかもしれないリスク」を抱えています。

社長として独立するだけが方法ではありませんが、「経済の自由」を手にして幸せな成功者になるには、少なくとも〝自分の収入額は自分で決める〟必要があります。

「お金を、使ってふやす」と考える意識改革が必要です。それがまさしく「経営者の感覚」であり、大富豪たちが持つ感覚です。

✤経営者感覚を持つ

第4の秘密

富をふやす

働かないでも、
お金が入ってくる仕組みを持つんだ

WEALTH

Step1

眠っている間もお金をふやせる

ここでは、具体的に**「お金をふやすこと」**を学んでいきます。

先に「経営者感覚」の話をしましたが、会社の給料にぶら下がっている限り、私たちはどのくらいの収入を得るかということを自分で決められません。

ですから**「経済の自由」を手に入れるには、会社からもらう以外に、別に入ってくる収入をつくらなければいけません**。

この点で、普通の人が「労働の対価」としてお金をとらえるのに対し、**幸せな成功者たちは「不労所得も含めた全体量」でお金をとらえています。**

私たちは学校でも、会社でも、お金は労働の対価として入ってくるものだと教え込まれ、それを唯一の収入源であるように錯覚しがちです。

しかし世の中には、その権利を持っているだけで入ってくる不労所得が、いくらでもあります。

たとえば、株や為替、あるいはファンド、また土地やマンションなどの投資物件がそうでしょう。

これらはいずれも「投資」による権利収入ですが、権利収入には、ほかにもたくさんの種類があります。

本を書いた印税も、発明の特許料も権利収入です。あるいは情報商材やアプリのコンテンツ、リンクしたホームページへのクリック数によって収入を得るアフィリエイトなどもあります。ネットワークビジネスにおけるロイヤリティー収入も、権利収入の1つでしょう。

こうしたところから給料以外の糧を得ていく。

これが、「経済の自由」を手に入れるための第一歩になります。

◆「働かないでも入ってくる収入」をつくっていく

Step2

「まさか〝一国の通貨〟だけでお金を持っていないだろうね？」

大富豪たちが、どこで現金収入を生みだしているかと言えば、やはり堅実な不動産です。実は日本の大富豪にも、「その正体は大家さん」という人が結構います。

たとえばマンションを所有して、それを貸す。すると毎月のように家賃収入が入ってきて、これが確実な現金収入になります。

そのうえで自分のやりたいビジネスを立ち上げる。生活資金は確保されていますから、売り上げに一喜一憂せず、新しい仕事にチャレンジできるわけです。

不動産はローンでも買えますし、大きな会社に勤めていればローンは通りやすいでしょう。その気になれば、現在の資産レベルからだって買えます。しかも、これは自分の世代だけではなく、子の世代にも相続できます。そういうものを少しずつふやしていけば、いずれ「経済の自由」を手にすることは可能でしょう。

知っておいてもらいたいのは、お金も株も、国際経済の動きによっては紙クズ同然になるということです。

そういう場合に備えて、外貨預金をしてもいいし、金という現物を買うのもいいでしょう。ドル建ての保険に加入したり、海外の不動産を買ったりするのも一案です。**とにかく、国内で預金先を分散させるのはもちろん、世界規模で、投資先を分散させる工夫が必要です。**

やはり国際経済の中で強いのは米ドルですから、不動産やファンドに限らず、預金も一部はドル建てにして、保険などはできればアメリカの会社に切り替えることを私は推奨しています。なぜ米ドルかと言えば、仮に世界大恐慌が起こり全部の紙幣が暴落しても、最後まで価値が残るのは、やはり米ドルだからです。

世界経済の仕組みとして、現在はアメリカのドルが各国の通貨を支配しているのですから、これは仕方がありません。「ドルもダメだ」などと言われますが、アメリカという国は、いざとなったら金融ルールを変えてでも自国の通貨を守ります。

もう1つ歴史が物語っているのは、一番安全で一番確実なのはスイスの銀行だということです。あまり知られていませんが、2000万~3000万円からでもスイスのプライベートバンクで口座を持つことができます。スイスにも世界の大富豪たちが資産を預けていますから、絶対にこの国には誰も手をつけません。世界で一番安全な国になっているわけです。できれば資産の50パーセントは海外で運用するといいでしょう。

日本円だけでお金を持たない

Step3

「働く時間と収入は比例しない。むしろ反比例するんだよ」

働けば働いた分だけお金が入ってくる、「労働時間と収入は比例するものだ」

と考えている方には、**「働く時間と、収入は反比例する」**という考え方は、非常に衝撃的かもしれません。

働かないのにお金を得ることを「よくないこと」ととらえる人はいます。しかし、時間の切り売りビジネスをしている限り、収入の上限はふえないのです。

なぜなら、誰にとっても1日は、24時間、年間365日しかありません。

その中でいい結果をだして給料や時給を上げようとしても、ふえる額は、たかが知れています。

つまり時間の切り売りをふやせばふやすほど、収入の効率は悪くなっていきます。成功している人ほど、この矛盾を皆、経験しているのです。

ですから、権利収入によっても資産をふやしていくのです。

そのようにすると、一生懸命働いて寝る時間もなかったときより、むしろ時間がたくさんある現在のほうが、はるかに収入は多くなっている……。

これが「反比例」の意味です。

大富豪にも、お店でモノを売ったり、コンサルタントのような形で誰かの相談を受けたり、セミナー講演をしたりという、「切り売りの形になるビジネス」を愛する方はいます。

しかしそれも、揺るぎない権利収入があるからこそ、「もっと顧客をふやさなければならない」とか、「値段を上げよう」というような行動にでることなく、楽しく続けることができるわけです。

♰時間の切り売りはしない

Step 4

「大富豪は、家や車に、これしかお金をかけないんだ」

大富豪は、投資マンションや投機物件には喜んでお金をだします。

けれども、実は、**自分が住む家には、ほとんどお金をかけません。**

ウソのような話ですが、ちゃんとしたデータもあるのです。

トマス・J・スタンリーの『なぜ、この人たちは金持ちになったのか』（日本経済新聞社）という本には、次のような調査結果が紹介されています。

・家を建てたことがある億万長者は、ほぼ4人に1人。ここには自宅、セカンドハウス、別荘などすべての住宅が含まれる

・家を建てたことがある億万長者の割合は純資産額とともにふえていくが、それでも資産1000万ドル級の大富豪で、家を建てたのはわずか35パーセント

では、億万長者がどうしているかと言えば、古い家を改築して住み続けたり、中古物件を購入したり、ときには抵当流れや離婚、遺産相続などで処分されたおトクな物件を探すことまであるそうです。

なぜそこまで家にお金をかけないかと言えば、**単純に「家はお金を生まないから」です**。「家は資産です」と言いますが、ローンを組んでいる間は、銀行の資産になるだけです。

すでに購入している方には申し訳ありませんが、これを一生かかって払うとすれば、ほぼ自分の資産にならないでしょう。

現実に多くの住宅購入者は、ローンの利息に追われ、しかも修繕費やメンテナンスに追われるわけです。これでは「経済の自由」を満喫できません。

大富豪の中には、投資物件の不動産を所有しているのに、自分は賃貸マンションに住んでいるとか、ホテルに住んでいるという人もいます。 いずれも「自分で家を建てて住むのは割に合わない」という選択なのです。

支出ばかりかかるというのは、自家用車も同じ。

古い国産車にずっと乗っている大富豪もいますし、所有せずリースですませている人だっています。

豪華な家や車をほしがるのは、結局は自分の物欲を解消するためです。

でも、物欲で得られる満足には賞味期限があり、またすぐに別の物がほしくなるばかりで、キリがありません。幸せな成功者になるには、そうした物欲を卒業しなくてはいけません。

✣自宅や自家用車には、お金をかけすぎない

Step5

では、靴やカバンは？

「トニー君、靴だけは、ちゃんとしたものを履《は》かないといけないよ」

大富豪たちは、まず家も高級車も購入しませんが、靴やカバン、時計といった身につけるものに関しては、非常に高価なものを購入することがあります。

しかし、そこには彼らなりの、独特な価値観も存在しています。

靴に関して言えば、一流の場では相手を値踏みするときの判断材料になってい

るので、お金をかけます。

一流ホテルのコンシェルジュが、人を「靴で判断する」という話は聞いたことがあるでしょう。一流の営業マンも、仕事の取引相手と名刺交換をして頭を下げたときに、必ず靴を見るものです。

ですから大富豪たちは、オープンシャツでラフな格好をしていても、靴だけはきちんとしたいいものを履いています。そうでないと自分の価値観を下げてしまい、ひどい扱いを受けることにもなりかねないからです。

しかも、高級な靴であれば履き心地はいいし、長持ちもするわけです。

時計も同じですが、たとえば、1～2万円の安いビジネスバッグを買えば、1年で取っ手が取れたりロックが壊れたりして、毎年買い換えないといけないわけです。

これが仮にルイ・ヴィトンであれば、そうそう壊れることはありません。

購入にかける手間や時間まで考えたら、いったい、どちらがトクなのか？

つまり大富豪は、見栄や物欲で高価なブランド品を買っているのではなく、値段以上の価値がある「本物」だけをきちんと購入しているのです。

ちなみに、同じ理由で、プラチナカードやブラックカードなどを、多くの大富豪は持っていません。

本物を見抜く目を養う

Step 6

土台を積み上げていくときのポイント

労働の対価としてお金を稼ぐ人の中には、十分な収入を得ているのに、「もっと働けばもっと儲かる」と、さらに時間を使って仕事を頑張る人がいます。

これでは〝不幸な成功者〟にはなっても、〝幸せな成功者〟には、なれません。

どこかで健康を害すでしょうし、周囲にもろくな人が寄ってきません。

幸せな成功者は、お金を多く稼ぐことより、むしろ〝バランス〟を考えます。

たとえば、仕事をしてある程度お金がふえたら、その仕事の一部を人に任せて、自分の時間を確保する。その空いた時間でフィットネスやスイミングなど健康にいいことをしたり、自分が目指す人脈の集まりや交流会に行ったりして、上質な人たちと友達になる……。

これで、「経済」「時間」「人脈」「健康」のバランスは保たれるわけです。

それでもまだお金が多いと思えば、幸せな成功者は、喜んでお金を寄付します。

そうやってバランスを整えたうえで、さらに収入をふやすための次のステージを考えるわけです。寄付したお金に相当する額など、いずれ戻ってきますから、ほとんど気にしていません。

そうこうするうちに、収入や資産がまたある程度ふえたなら、さらにまた健康維持や人脈づくりにかけるお金も同様にふやし、4つの柱が均等に太くなるように、配分していきます。

やはり、収入が3倍になったのに、友人の数や質が以前と同じままだとか、健康にかける時間も金額も以前のままではバランスが悪いのです。

こうしたバランスを意識せず、ただお金をふやすことばかり考えていたら、結果的には高く積み上がりません。

♰バランスを取りながらお金をふやしていく

Step 7

「借金については、どう考えるだろう?」

成功者と言えば、起業する際などには、豪快に借金をして資金調達をしていると想像されるかもしれません。

ベンチャーキャピタルや、以前の取引先などからお金を引っ張ってきて起業する方々を私はたくさん見てきたのですが、残念ながらそういう人のほとんどは不幸な結果に終わり、なかなか大成はしていません。

成功した起業家たちは、大きな借金をして資金調達したうえで起業するような

ことは、まずしていません。

彼らは皆、最初はお金のかからないことから始めています。

これはスティーブ・ジョブズも、ビル・ゲイツも、孫正義さんも三木谷浩史《みきたにひろし》さんも、同じでしょう。

彼らは事業のスタート時、表向きは、大風呂敷を広げるような発言をしますが、それはクライアントが飛びついてくるのを期待しているからであって、実際は堅実で小さな売り上げを積み重ねているのです。ですから、クライアントがついてから、慌てて商品を仕入れたり、開発したりしているくらいです。

むしろ成功する人に多いのは、「安定したサラリーがある従業員のうちに法人を立ち上げ、収入ラインが確保できるまで会社を辞めないパターン」や、「勤め人時代のうちに、1~2年生活できるだけのお金を貯めたうえで起業するパターン」です。借金を前提でビジネスを始める人は、ほとんどいません。

むろん会社を運営していく中で、借金をして大勝負にでることはあります。

だからこそ、大富豪には倒産や自己破産を経験している人が多いのですが、これも「貴重な経験」と考えてそこから新たな気づきや学びを得て、見事にカムバックをはたすのが彼らの特徴です。

✤幸せな成功者は、借金はしない

Step 8

「〝お金を活かそう〟という心意気が、リターンに反映するんだ」

日本には、そもそもお金儲けを〝悪いこと〟と考える傾向があり、それゆえに投資の文化がなかなか根づきません。お金に対しても何か不浄なものと考えるから、「宵越《よいご》しの銭は持たない」などという発想がでてきます。

しかし大富豪は、そんなふうにお金を使いません。というのも、感謝すべきお金だからこそ、活かす形で使用しなければ、お金に申し訳ないと考えるからです。

投資する際も、ただお金を眠らせておくのではなく、有効に活かしてもらいたいという意識で投資先を選ぶから、それが自然とリターンにあらわれます。

面白いことに、大富豪たちは、お札やコインなど、お金そのものの扱い方も、非常に丁寧です。日本の大富豪は、〝お札の住みか〟である財布が、まずキレイです。色や形は十人十色ですが、間違ってもポイントカードや領収書でパンパンになった財布を、お尻のポケットに入れて歩くようなことはしません。

お札を使うときに、ヨレヨレのものから使う大富豪もいましたし、お札に印刷されている福澤諭吉のことまで詳しく調べている大富豪もいました。これも、お札をより好きになるための努力の1つでしょう。

もちろん、執着してはいけませんが、お金への感謝がないと、結局は周囲の人に対しても感謝がなくなり、やがて不幸を呼び込んでしまいます。

「経済の自由」を手に入れるために、最後に学んでいただきたいのは、そうした「お金に感謝する」気持ちを持つことです。

✤お金に対して感謝する

第5の秘密

時間

大金を稼ぎつつ
“自由な時間”もたっぷり
あったら最高だろう？

TIME

「世の中で一番大切なものは何だと思う?」

……なぜ、たった5分の遅刻でそこまで怒るのか?

「富と、時間と、名声。この中で一番大切なものは何だと思う?」

幸せな大富豪たちであれば、間違いなく同じ答えを導きだすことでしょう。

それは、「時間」です。

なぜ時間がそんなにも大切かと言えば、それは唯一、大富豪にも貧乏人にも、平等に与えられるものだからです。いくら金持ちでも地位があっても、1日を25時間にすることはできません。

しかも人生には、誰にとっても限りがあります。ですからどんな成功者も時間を大切にしますし、たった5分でもムダに費やすことを嫌います。

幸せな成功者たちは、時間を、「お金よりも大切」だと考えています。

サッカーやバスケットを見ればわかるように、タイムリミットがあるスポーツでは、遅延行為をするとペナルティをとられます。人生の時間も限られています。だからこそ、遅刻や仕事の遅れには、非常に厳しい人が多いのです。

そうはいっても大富豪も幸せな成功者も、決して時間に追われてはいません。なぜかと言えば、「時間の自由」を手にしているからです。

それが本章で学ぶことです。

「時間の自由」とは、自分の好きなように時間の使い道を選べるということ。それは、仕事に追われて、家族や恋人とすごす時間を犠牲にしなくていいということ。そしてまた、突然、楽しそうなパーティに誘われたら、躊躇《ちゅうちょ》なく「行く！」と言えるような幸福を意味します。

いったいどうすれば、大金を稼ぎながら、時間に束縛されない生活ができるのでしょうか？

「忙しすぎて何もできないなら、ある意味、お金がないのと同じだよ」

……時間の自由がある人、ない人

いつも忙しく時間に追い立てられている不幸な成功者というのは、なんとなくイメージできるかもしれません。次に紹介する彼らは皆、高給を得ているお金持ちたちですが、その1日の時間の使い方の実態はどうなのでしょう?

・**とある大企業の雇われ社長**……ギッシリ詰め込まれたスケジュールを、秘書が毎朝、「何時から何分、どこの誰とアポです」と伝えてきます。いろいろな人に会うのですが、好きで会っているわけではありません。連日の接待による寝不足で、「今日は出張で新幹線に乗るから、そこで眠れる……」などと思っています。

・とあるデイトレーダー……何億円ものお金を動かしていますが、意外と自由がきかず、ほぼ毎日パソコンの前で情報収集に明け暮れています。まるで使えていない多額の貯金で、いつか休みをとって海外旅行に行きたいなあと思っています。

・とあるテレビ局のディレクター……毎晩のように飲み歩き、家に帰るのはだいたい明け方。一眠りして午後から出社。番組収録のために大勢にスケジュールを合わせてもらっているため、自分勝手に休むことはもちろん、遅刻もできません。現時点では、お給料も使うことができないほど、時間に追われています。

では、時間の自由を手にした大富豪の日常はどうでしょう？　次の会話が、その日常を象徴しています。

電話の相手：「明後日からなんだけど、イタリアに行かない？」

大富豪：「**いいね、ぜひ行こう。そう言えば、今、ジュネーブでモーターショーをやっているんだ。帰りがけに寄ってみないかい？**」

こんなふうに、興味のおもむくままにスケジュールを組めるのです。

「誰かの都合に合わせなければならない」という感覚は、まったくありません。

Step1

「待ち合わせ時間に遅れたとき、どうしているかい？」

大富豪のロスチャイルドも、約束に対して非常に厳格な方です。

何か予定を立てようとなったら、すぐに手帳をだし、「じゃあ、いつにしましょうか」と、その場でスケジュールを決めてしまいます。「じゃあ、今度行きましょう。また連絡します」といった社交辞令など、まったくないのです。

そのロスチャイルドにゴルフコンペでお会いしたときのこと。朝食時にちょっと雑談を交わしたあと、「では私は、先に練習場に行きますから」と告げたときに、彼はこう言ったのです。

「私は6分後に行くから」

6分？　怪訝《けげん》に思ったのですが、練習場で球を打っていると、ジャスト6分、彼が笑顔でやってきました。まったく狂いはありません。大富豪の時間感覚とは、こういうものです。

また、別のある大富豪と待ち合わせをしたとき、私が5分遅刻をしてしまったことがあったのですが、そのときは激しく怒られました。

「5分遅れるのであれば、連絡をしなさい！」

彼の名誉のために申し上げますが、彼は決して心の狭い方ではありません。

かつて私は、その大富豪に、「やってくれ」と仕事を頼まれたことがあったのに、それをすっかり忘れていたという痛恨のミスを犯してしまったことがあります。普通なら大クレームになるところですが、事情を話したところ快く納得してくれました。このことからもわかるように、根はとても寛大な人なのです。それでも5分の遅れに対しては、人が変わったような大剣幕です。

彼らは、それだけ「時間を奪われること」を嫌うわけです。

ロスチャイルドが「6分遅れる」と宣言したのも、**そう伝えておけば、相手がその間に何かできるかもしれないという気配り**からでしょう。

「時間の自由」を手に入れるには、まず、「他人の時間を奪わないマナー」を身につけることが大前提になります。

約束時間にはシビアになる

Step 2

思いついたことは、いつやるか

かつてソフトバンクの孫正義さんが生放送のテレビで取材を受けていたとき、

こんなことをおっしゃっていました。

「うちの会社は、1年以内に電話の基本料を下げます」

驚いたのは、テレビを観ていたソフトバンクの社員たちです。

「え、そうなの？　聞いてないよ！」

聞いているはずがありません。要するに孫さんがその場で思いついて、誰にも相談することなく、その場で決めてしまったことだったからです。


思いついたら、すぐ行動――そんな孫さんのような大富豪は、大勢います。


彼らは、「どうしようかな……」、「ちょっと考えさせて」などと迷うことがありません。一般の人からすれば、とてもせっかちだと感じるでしょう。

けれども、これが彼らの成功要因でもあるのです。

というのも人間は、〝現状維持〟をよしとする動物です。

本来、何か新しいことをするにはリスクを伴いますから、脳は極力それを避けようとする習性があります。それこそ原始時代を考えれば、「新しい木の実を見つけたから食べてみよう!」などと思いつきで行動していたら、とうに人類は絶滅していたでしょう。

それゆえ、多くの人が本能的にチャレンジすることに躊躇するのですが、大富豪になる人は、この躊躇がありません。だから逸早く、チャンスをつかむのです。

結論としては、私たちも「すぐに行動するくせ」をつければいいのです。

貧乏な人の多くは、お礼状を書くような簡単なことすら、つい「後回し」にしてしまいます。しかし、いざ行動してみれば、それほど時間がかかることではありません。ただ億劫《おっくう》で動かないだけです。

思いついた瞬間にすませれば何倍も早いし、ムダがありません。しかも、お礼状をもらう相手だって、早いほうが嬉しいでしょう。

大富豪たちの行動は早く、その結果、エネルギー効率もよくなっています。通算したら、成果に何倍もの差がでるのも当然でしょう。

Step3

「〝自分でコントロールできないこと〟で悩んではいけないよ」

幸せな成功者と不幸な成功者の時間の使い方で決定的に違うのは、前者が「自分がコントロールできるものに時間を使う」のに対し、後者は、「自分がコントロールできないこと」に時間を使っているということです。

たとえばセールスの仕事を考えてみましょう。

一生懸命に戦略を練り、説明して成約をとろうとしたのに、最後の最後でお客さんから断られてしまった。これは非常に悔しいし、気分も滅入ります。

そこで多くの人はクヨクヨしてしまうのですが、所詮はモノを買うかどうかは、お客さんの気持ち次第。売る側の自分には、相手の決断を100パーセント、コントロールすることはできません。

ですから、トップセールスマンほどクヨクヨせず、「お客さんと楽しい話ができてよかった」と、すぐに気持ちを切り替え、高いモチベーションのまま次のアポをとるわけです。営業成績なんて、たくさんの人に当たれば自然と通常の人の上をいくものです。

別に口八丁手八丁で、他人の心理をコントロールするのがうまいわけでなく、**本質は自分自身の気持ちのコントロールがうまい**のです。


忙しく働いているにもかかわらず、お金がなかなか貯まらないという人は、やはり「自分がコントロールできないこと」に時間を使っていると思われます。

「どうして上司はわかってくれないんだ！」と不満で頭をいっぱいにしたり、子どもにお説教することに長い時間を費やしたり……。

悩んで憤っても、何かが変わるわけではありません。

私が知る限り、「反省する大富豪」だとか、「一日中悩んでいる大富豪」「延々と怒っている大富豪」なんて、見たことがありません。
興味深いことに、大富豪たちには、「日記を書く」という習慣もまずありません。「過去を振り返っても仕方がない」という感覚が強いのです。
それよりも、「寝る前に3つ、今日のよかったことを挙げる」「大好きな音楽を聴く」というふうに、その日を気分よく終わらせることに時間を使うほうが多いのです。

「自分でコントロールできないこと」に時間を使わない

Step4

「〝忙しい〟という状態は、支配されていることなんだ」

「『忙しい』がログセになっている人で、成功する人はいないね」

そんなことを言う大富豪がいました。

そもそも「忙しい」というのは、他人に時間を支配され振り回されている状態です。何かに支配されている状態を、大富豪たちはもっとも嫌いますから、彼らは早急に手を打って時間を自分の支配下に置きます。

「忙しい」が口グセの人の多くは、たくさんの事務的な仕事を自ら抱え込み、アタフタすることで時間を費やしています。「忙しい！　時間がない！」が口グセになっている上司を見れば、明らかでしょう。

これが幸せな成功者であれば、とっとと人に任せられる仕事は任せ、自分はもっと質が高くクリエイティブな仕事に専念するでしょう。そのほうがずっと効率もいいのですから。

間違ってはいけないのは、幸せな成功者だってたくさんのタスクを抱えていますし、ヒマを持てあましているわけではないということです。

それでも「忙しい」などとネガティブなことを言わず、少ない時間の中でできることを考えるのです。

「忙しい」を口にする人々は、それを言い訳にして、やるべきことから逃げていることがほとんどです。趣味に費やす時間や、家族とすごす時間や親孝行する時間がとれないなどは、その典型。人一倍大きな仕事をしている人が、一番遊んでいるし、家族との時間も大切にしています。

「忙しい」と絶対に口にしない

Step5

「中途半端な休憩なんて不要さ」

大富豪にとって、「時間はかけがえないほど大切なもの」ですから、5分でも時間があれば、その間に何かをしようとします。

とにかく彼らは、「何もしていない時間」を嫌います。

ですから間違っても、休日にソファでゴロゴロしていることはありません。読書やスポーツをしたり、人に会ったり、実に精力的に動きます。

普通の人は、仕事の合間に休憩をとりますが、彼らはそれを「ムダ」と考えます。10分間ダラッとするくらいなら、それを前倒しにして仕事に集中し、終えてからサウナやマッサージなどで、十分にリラックスすればいいと考えます。

実は、体を休め、リラックスする時間も、大富豪たちは普通の人以上に重視しています。それが「健康を保ち、心のエネルギーを回復する」のに欠かせないからです。中には、遠くの空気のきれいな山々にでかけてまでそうした時間をつくりだしている方もいます。

夜、家に帰るなり、面白くもないテレビをただヒマつぶしにボーッと観ていることはありませんか？　そんな時間が、一番ムダです。すべての時間に「意味」を持たせていきましょう。

⚜些細な時間も「ムダ」にはすごさない

第6の秘密

大好きなことをする

仕事、旅行、遊び……

時間をつくるのはこんなに簡単！

FUN

Step1

「〝イヤなこと〟から先に手をつけると、何倍もトクするんだ」

「時間の自由」を手に入れるために、〝すぐ行動すること〟が重要なのは、それによってエネルギーの浪費を防げるからでもあります。

誰にでも「イヤだけどやらなければならない仕事」はあるでしょう。苦手な顧客に連絡をしたり、気の短い上司に報告をしたり等々。

大富豪や幸せな成功者にも、もちろん「やらなければならないこと」はあります。面倒な事務手続きや、会社を経営していれば、当然、社員に喝を入れたり、悪い報告を聞いたりということもでてくるはずです。

幸せな成功者は、たいてい、その面倒なことを真っ先にやってしまいます。

おそらく、逆のことを提唱する人もいるでしょう。好きなことややりたいことから優先的にやりましょう、と。

けれども収入の高い人ほど、「イヤなことから先にやってしまう人が多い」と感じます。

たとえば夜に、クライアントからクレームのメールがきたとき。「翌朝になってから返信したほうが、感情を落ち着かせて丁寧に返信が書ける」と言われますが、それでも幸せな成功者たちは、すぐにその場で返信をしてしまいます。

なぜかと言えば、引きずりたくないからです。

イヤなことを後回しにすると、それがずっとストレスになり、快適な時間を損ないます。相当なエネルギーをムダにします。でも先に片づけてしまえば、残った時間をスッキリした気持ちですごせます。つまり、「好きなことを楽しくする時間」をより長く確保できるのです。これは自分だけでなく、相手にしても同じことが言えます。

◆「やらなければならないこと」は、先にすませる

Step2

大富豪たちが早起きだというのは、本当か？

成功者たちには、朝型の生活を送っている人が多い、ということを聞いたことがあるかもしれません。**とくに大富豪や幸せな成功者たちは、ほぼ例外なく朝早く起きています。夜明け前の４時台に起きている方も多くいます。**

彼らが皆知っているのかどうかはわかりませんが、そもそも朝日には、脳を活性化させる効果があります。

具体的には、夜になると脳には「メラトニン」という眠気をコントロールするホルモンが分泌されますが、日中になるとその活動が抑えられ、セロトニンやドーパミンといった、心をポジティブにするホルモンに切り替わっていきます。

そのコントロールを、脳は朝日を感じることで行なっているわけです。目の神経とつながった松果体という器官で、その作業は行なわれます。

ですから、朝日をすぐに感じとれるよう、できれば寝るときもカーテンを開けて寝るといいそうです。実践して、早朝の朝日を浴びれば、その清々しさを心底実感できるでしょう。

いずれにしろ、脳は朝の光で「活動時間」と「休息時間」を切り替えるのですから、朝のうちに仕事をしたほうが効率がいいのは、確かです。

私も大富豪の習慣を知ってからは、4時半くらいに起きています。早起きをすると本当にいろいろなことができます。家をでる7時までの間に連絡をしてくる人などいませんから、本の執筆にも集中できますし、朝のパワーに後押しされてアイデアはどんどん生まれてきます。

「忙しくて時間がない」という人に限って、夜更かしをしてギリギリで起きるという生活をしているのではないでしょうか？　**朝早く起きる生活に変えるだけで、時間に対する自由度は変わってきます。**

朝の時間を活用できるようになる

Step 3

「目覚めてから起き上がるまでの〝黄金タイム〟を使うんだ！」

朝早く起きてから何をするかというのは、大富豪によって違います。

それこそジョギングやウォーキングをする方もいれば、朝一からバリバリと仕事を始める方もいます。

私が教えてもらったのは、こんなことです。

「目覚めてから、起き上がる前の時間がいいんだよ！」

目が覚めたらすぐに、一気に掛け布団を払いのけて飛び起きる……実はこれは少しもったいないことなのです。

というのも、「まだちょっと寝たいな」と頭がボーッとしているときこそ、脳は最高の状態になっているからです。つまり、脳内にアルファ波がでていて、潜在意識と顕在意識がつながっています。「夢の中の出来事が現実のように感じられている」といった経験をする方も多いのではないでしょうか。

その時間を利用すると、常識を超えるクリエイティブな発想ができますし、「自分が心から望んでいる心地よい目標」も表にでてきます。

また、自分が決めたゴールを、アルファ波がでているときに潜在意識にインプットすると、それが実現する効果も高くなるのです。

実際に私がやっていることは、非常に簡単です。**要は目覚めてもすぐに起き上がらず、ほんの5分ほどベッドの中で「これから起こる楽しいこと」を思い描くだけです。**そのあとはコーヒーを飲み、クリエイティブな活動に時間を使います。

これを実践してみれば、誰でもとても快適だと感じるでしょう。

ただし、今より早く起きて、ある程度は意識的にやる必要はあります。

大丈夫です、決して難しいことではありません。起きると決めさえすれば、習慣はキッパリ変えられます。

目覚めた直後のゴールデンタイムに未来を考える

Step 4

「なぜ、ファーストクラスにしか乗らないのだと思う?」

大富豪たちは、単に贅沢な時間をすごしたいとか食事が美味しいからという理由で、ファーストクラスに乗っているのではありません。

ファーストクラスに乗る人たちというのは、たいてい、社会的な成功を収めている人たちです。**同じ空間で長時間を費やすフライトであれば、偶然乗り合わせた隣の成功者たちと話し、交遊するチャンスが生まれます。フライト時間が、丸ごと、思いも寄らない出会いを生む極上の社交タイムになるわけです。**

もちろん、仕事をするにしても、ゆっくり体を休めるにしても、ファーストクラスであれば、広く快適な環境で思う存分にできるわけです。

つまり、同じフライト時間が、ファーストクラスのチケットを買うことで、何倍もの付加価値がある時間に変わるのです。結果的には、払った金額以上の価値が生まれるかもしれません。ならば、お金を惜しむ理由はないわけです。

同じことは、新幹線のグリーン車やタクシーに払う料金にも言えます。

電車で行けば乗り換え時間と徒歩も入れて1時間、タクシーなら30分。だけど料金は10倍違う。

けれども30分早くつけば、その30分を使って、電車代に匹敵するだけの価値を生みだせるわけです。大富豪たちの時間を買う意識は、非常に合理的です。

これを意識するだけで、あなたの時間の使い方も変わるはずです。

たとえば、丸一日、休暇に家でゴロゴロしているのと、近所のパチンコ店に行くのと、見識を広めるために旅行に行くのでは、同じ1日でもかかる金額は違います。けれども自分にとって、一番大きな価値を生みだすのはどれか、ということです。

その価値の積み重ねが、人生を決めていきます。

「時間は買える」と知る

Step5

「なんでも自分で抱え込む必要はないんだ」

時間を買うことで、もっとも効果が大きいのは「人を雇うこと」です。

たとえば大富豪には、日々の食事をつくる料理人を雇ったり、掃除・洗濯をする家政婦を雇ったりする人がいます。

それは、もったいない浪費でしょうか？

確かに、自分でやろうと思えばできます。**けれども誰かにそれをやってもらえば、自分はその時間を使って、もっと重要なことができます。**

これもつまりは、「時間を買う」という選択なのです。

料理人や家政婦より、もっと大きい投資になるのは、「自分の代わりに仕事をしてくれる優秀な人を雇って、事業を拡大する」というケースでしょう。

かつてアンドリュー・カーネギーは、「鉄鋼王と呼ばれているのに、鉄のことを知らないのですか？」と揶揄《やゆ》されたことがあります。そのとき彼は答えました。「別に自分が知らなくても、知っている人間に任せれば、それでいいんだ。なんで私が知っている必要があるんですか？」

フォードの創業者、ヘンリー・フォードも、中卒の学歴しかなかったことにマスコミが食いつき、彼にクイズのような常識問題をだしたことがあります。それに答えられないことを嘲笑しようと思ったのです。しかし、フォードは言います。「僕は自分の机にある電話で、その答えを知っている人に電話をすれば、答えをもらえます。それで何か問題があるんですか？」

どんな仕事でも、自分の他にできる人がいれば、任せていいのです。それでお金がかかっても、任せた結果できた時間で、自分がその投資を上回るビジネスを考えればいい——これが大富豪の発想です。多くの人はこれをしないから、「時間の自由」を手にできないのです。

✤自分で問題を抱え込まない

Step 6

「〝一番楽しいこと〟に、時間を当ててごらん」

大富豪たちは、何に優先して時間を使うべきか、ちゃんとわかっています。

どんなことに時間を使うかと言えば、**自分を向上させてくれるとか、自分に力を与えてくれるような、プラスになる時間**です。


たとえば、かつて私をランチに誘ってくれた方がいます。

「小樽の寿司が美味しいから、ランチを食べに行こう」

そう言って呼びだされたのは、東京都内の飛行場でした。そこから自家用ジェットヘリで、小樽まで飛ぶわけです。

ランチ1食のためにそれだけの時間やコストをかけるのも、本人が「それだけの価値がある」と考えたからでしょう。器が大きければ、楽しむことに対するコストパフォーマンスなどは、気にしないのです。

もう1人、大病院のオーナーである大富豪がいます。彼もジェットヘリを持っていて、週に3日は北海道に行き、ハンティングをしています。とにかくハンティングが大好きなのです。

それだけなら単に優雅な生活をしているだけですが、彼は違います。北海道に自分が泊まる施設も兼ねた大きな洋館を建て、それをオーベルジュ（宿泊施設を備えたレストラン）にして、一般の人も宿泊できるようにしました。そして、そこで彼が撃ってきたばかりの新鮮な鹿肉や鴨肉をだしています。

なんでも普通の食肉業者が卸すのと違って、彼の場合は、射止めてすぐに血抜きをするうえ、肛門を抜く作業まで完璧にすませてしまうから、くさみや毒素が肉に回らず、「肉が柔らかくて美味しい」と評判になっているようです。

しかし、そのオーベルジュでだすだけでは、まだ肉があまります。そこで彼は、今度は、東京の広尾にフランス料理店をだし、そこにも肉を卸しているわけです。ここまでくるともう、1つの事業を生みだしたと言っていいでしょう。

こんなことができたのも、彼が、経営などを人に任せ、**「一番好きなこと」に時間を優先して使っているから**です。

♔「一番楽しいこと」を最優先で考える

Step 7

「〝遊び〟から、こんな事業が生まれることもあるんだ」

ハンティング好きの病院経営者の例でわかるように、**大富豪には「遊び」と、「仕事」の区別がありません。**

というより、むしろ「遊び」という概念がないのかもしれません。

通常の人にとっては、仕事で生まれたストレスを解消するものが「遊び」でしょうから、そういう類の「遊び」はしないわけです。

ゴルフやパーティのように多数の人とやる遊びはもちろん、ヨットやサーフィン、ドライブのように、自分一人で楽しむ遊びも、彼らにとっては、すべてが〝自分の成長につながるもの〟です。

つまりは、あらゆることが勉強であり、仕事であり、自分を喜ばせる「楽しいこと」なのです。

多くの人は、仕事は「やらなければならないこと」、遊びは「やりたいこと」と切り離してしまうから、どちらの時間も有効に活用できないのです。

ましてや週の大半が「やらなければならないこと」で、それに引きずられて「やりたいこと」が削られていくとすれば、幸福を感じられるわけがありません。

一度しかない人生、まずはやりたいことをする。

それがビジネスと直結して、お金を生んだら、なおいい……。

目指すべきことは単純なのです。自分のやりたいことをやる時間をつくることから、始めていきましょう。

♔「遊び」と「仕事」を切り離さない

Step 8

この思い込みを捨てれば、バラ色に変わる

会社勤めをしている人は、「小樽へ行こう」とか「スペインへ行こう」といったことは、簡単には実行できないとは思います。

ただ、それでも**「時間がないから好きなことができない」という思い込みは、このステップで捨ててしまってください。**

そのままでは「時間の自由」を、いつまでも獲得できません。

思いつくまま自由気ままに行動する大富豪たちも、ふだんはきちんとスケジュールを立て、計画的に時間を使っています。

そして「今日はこれをしよう」と最優先事項を決めたら、プライベートのことだろうが、仕事のことだろうが、確実にやり終えます。

ということは、「やりたいことができなかった」という日は、ほとんど存在しません。

忙しさを感じずに幸福なのは、そういう毎日を積み重ねているからです。

会社で働いている普通の人に、それはできないことでしょうか？

たとえば、「今日は帰社後、銀座で映画を観る」と決めたとしましょう。

絶対にそれをやると決めれば、あらゆる仕事をやりくりして、残業をせず映画館に直行できるはずです。

突発的な仕事が入っても、「それは明日にやります」とし、上司から飲みに誘われても、「今日は都合が悪いので」と断ればいいのです。

それでも仕事が残るのなら、映画を観たあとに家でしたり、次の日の朝早く出社してやることだってできます。

これだけの方法があるのに「忙しくて映画はダメだ」と断念してしまうのは、自分の中で「最優先にすべき時間だ」という意識ができていないし、自分の時間をコントロールできていないということになります。

あなたの時間は、あなたのもの。簡単なことから、「やりたいこと」を優先してみましょう。

「時間がないから好きなことができない」という考えは捨てる

第7の秘密

人間関係

恋人、友人、家族、メンターは、
かけがえのない財産だよ

RELATIONS

「今日、夕方から、上海に行かない?」

……「趣味」も「仕事」も、ともに楽しめる友人関係

大富豪たちが、急に北海道へ行ったり、イタリアへ行ったりする話はしました。

ともすると、これは非常に気まぐれに見えるのですが、多くは**「誰かを楽しませること」が目的になっている**ことを忘れてはいけません。

先日も私は誘われました。

「上海にものすごく美味しいお店があるそうだけど行く? 今日なんだけど」

「今日ですか?」

私は急ぎの仕事が入っていて行けなかったのですが、何人かは「行く行く!」

と、即決してこの催しに参加しています。基本はやはり、「経済の自由」や「時間の自由」を手にしている幸せな成功者たちです。

私もフェラーリクラブやスーパーカークラブに仲間入りできた関係で、自由な時間を持ったお金持ちとの交友関係がたくさんできました。ほかにもヨットやクルーザー、釣りやゴルフなど、趣味を通して仲間関係は広がっていきます。

つまり、大富豪たちの人間関係は、「仕事が先ではなく、仲間が先」なのです。

けれども不思議なもので、そこからビジネスが生まれることは、非常に多いのです。それも単に顧客を獲得するということでなく、一緒に新しいビジネスを立ち上げたり、プロジェクトを組んだりするようなことがたくさんあります。

もとより彼らは「仕事」と「遊び」を分けていませんから、つき合う仲間も「仕事の関係」「プライベートの関係」などと区別はしていません。

仕事を超えたところで人と結びつくのですから、「この人と組めば儲かる」とか「この人にはこれだけのメリットがある」という形で、人を選びはしません。

それこそ、大きな人間性、大きな器が必要になります。

いきなり損得に直結する関係を結ぶのではなく、まずは信頼できる人間関係をつくる。そういう信頼できる人たちとなら、仕事で組んでも自然とうまくいく。

こういう思考回路を身につけて初めて、これからお伝えする「人脈の自由」が手にできるのです。

「お金でつながる不幸な関係」「困ったときに頼れる人脈」

……間違いのないビジネス相手の見つけ方

不幸な成功者には、人づき合いのために、ふんだんにお金を使う人が結構います。私も、ＩＴ業界で一夜にしてＩＰＯで何百億円と手にした若い社長を何人も

知っていますが、彼らも派手なパーティを主宰し、人を集めていたものです。

けれども、彼らが躓《つまず》いてしまうのは、その人脈が原因なのです。

なぜならば、擦《す》り寄ってくる人間は、たいていお金目当てであり、不純な動機だからです。そういう人たちにお金を使いすぎて、気づいたら仕事や家族すら、危うくなっています。

そういう人間が集まってくる理由は、本人にあります。つまり、自分も相手からの見返りを求めており、感謝の気持ちがまったくありません。

幸せな成功者のすることは、まったく違います。

それは先の「上海に行こう」という言葉にも象徴されています。つまり**自分で連絡を取り、利害関係なくつき合える信用できる人しか集めていない**のです。

ロスチャイルドに私が出会えたのも、やはり、彼が信用する人に私が紹介を受けたからでした。これは、幸せな成功者と不幸な成功者の、決定的な違いでしょう。大富豪たちは大がかりなイベントなどしませんが、その代わり、もっとアットホームで、もっと心から楽しめるような場をセッティングします。

たとえば私は、ある大富豪の、誕生日のサプライズパーティに参加したことがあります。

集まった100人以上の人は皆、いい歳をした立派な社長ばかりでしたが、その大富豪を驚かそうということで全員が〝女装〟をしたのです。これは非常に愉快なパーティになりました。

こんな心からの楽しさを味わえるとともに、やはり幸せな成功者には、困ったときに助けてくれる人脈が非常に多いのです。


幸せな成功者であっても、すべてが順風満帆なわけはなく、意図せずに裁判沙汰が起こったり、借金を抱えたりすることはあります。成功者であっても時には試練がやってくるのです。けれども誰かがパッとお金をだしてくれたり、優秀な弁護士を紹介してくれたりするから、彼らは再浮上することができます。

これから述べる「人脈の自由」は、こんな素晴らしい仲間をつくることです。

Step 1

「〝どんな人と親しくすべきか〟イメージできているかい？」

「人脈の自由」を手に入れるためのファーストステップとして、何より大事なことは、「自分がどういう人脈を持つべきかしっかりイメージすること」です。

すでに見てきたように、幸せな成功者の人脈は、**量より質**なのです。

人数は少なくても、その代わりあなたのことをちゃんと理解してくれ、あなたがつき合って心から楽しいと思えるような人間関係です。

しかも、単純に親しめるというだけでなく、将来は互いに成功者としてつき合える、上質な人間関係である必要もあります。

まずは、そうした人を引き寄せるような自分をつくりだすことです。

人は、自分と同じようなエネルギーや雰囲気を持つ人のもとに集まってきます。

「仕事ができるビジネスパーソンの人脈がたくさんほしい」と思ったら、自分自身がそれにふさわしい人物になるべきでしょう。いい人脈を得るには、そのように自分を目に見える形で成長させることが条件になります。

投資家のウォーレン・バフェットは、「大富豪になるためにどうしたらいいのですか?」と聞かれ、**「自分の中でヒーローを持ちなさい」**と答えました。

つまり、モデルを見つければいいのです。

そのモデルが100パーセントあなたの理想と合致していなくても問題ありません。ビジネス面だけ尊敬できるとか、ライフスタイル面で憧れるといった部分的なモデルで十分です。

たとえば、「オードリー・ヘップバーンやグレース・ケリーのような女性を目指す」と決めれば、魅力的かつ、いろいろなことに意欲的な女性が集まってくるでしょう。

❖「なりたい人」のイメージを持つ

Step 2

「こんな質問をしてくる青年は、応援したくなるね」

プラスのエネルギーを持った上質の人脈は、残念ながら、いいエネルギーのない人のところには集まってきません。ですから**「人脈の自由」を手に入れるには、自分に自信をつけることが必要**になります。

どうすれば自信が生まれるのかと言えば、まずは、自分を好きになることです。

人間はどうしても、「自分には彼ほど才能がない」とか、「彼女ほど人前で上手に話せない」などと、他人と自分をネガティブに比較します。すると行動にブレーキがかかり、さまざまな壁を突破することができなくなってしまうのです。

別に他人と能力を比較する必要はありません。

それより、自分の「いいところ」を評価し、自分を好きになっていくことが大事なのです。「こういうことができる」「よく決断できた」という些細なことでいいのです。その積み重ねでだんだん自分のことが好きになっていきます。

自分に確固たる自信があるかどうかは、大富豪たちが人を見るときに重視するポイントです。

たとえば大富豪たちは、「どうしたら成功できますか?」とか、「何をしたらいいでしょう?」と聞いてくるような相手は、あまり評価しないでしょう。

評価されるのは、こういう質問をする人間です。

「僕はこういう経験をしたことがきっかけで、今はこういう方向性を目指しています。あなたの場合はどうだったのですか?」

つまり自分の決めたことに自信を持ち、しっかり目標を持って人生を歩んでいる。それならば自分も応援してあげようという気になるわけです。自信を持てば、いい仲間を引き寄せるうえ、目標に向けた推進力も生まれてきます。根拠のない自信でいいので、しっかりと自分を認めることが大切です。

Step 3

「つき合う人を、選んでいるだろうか？」

「幸せな成功者になりたければ、成功者になれないような人物とは関わらないほうがいい」と言われることがあります。

あまりよい言い方ではありませんが、結論を言えば、これは真実です。

実際には、あなたが切り捨てなくても、自分のステージが上がれば、そういう人は自然と離れていってしまうもの。**それは「類友の法則」や「磁石の法則」と言われるようなもので、意識が低い人は、意識の高い人に寄りづらくなります。**

お金に汚い人や人を騙してばかりいるような人たちが、意識の高い人やすでに社会的な成功を収めている人たちに、自然な形で入れ替わっていきます。

それは「気づいたらそうなっている」ものですから、意識して人と絶縁する必

要などまったくありません。

ということは、もし自分のレベルが上がったら、恋人や親友など、自分が大切にしている人たちとも、いずれは別れなければならないのでしょうか？

もしも、その人たちの意識レベルが低いままで、あなたとの差が開くばかりだとしたら、残念ながらその人たちは離れていくことになるでしょう。

けれども心配することはないと思うのは、より高いステージに登りたいと思っているあなたが大切にしている人であるなら、やはりあなたと同じように高い意識を潜在的に秘めている可能性が高いからです。

人は日々、自分と同じような人間を引き寄せています。

それはちょっとしたことでも同じで、電車の中で酔っ払った酒臭い人間が近づいてきたなら、私は自分のエネルギーが落ちたのでないかと戒《いまし》めます。自分のエネルギーが高ければ、そういう人を引き寄せないのです。

♣つき合う人を選ぶ

Step 4

どうしたらお金持ちに、会えるのか

人は自分と同じような人間を引き寄せる、ということを前項で学びました。

ということは、**幸せな成功者の人脈というのも、自分のレベルを上げれば自然と引き寄せられてくるわけです。** **意識的にそういう人物に会おうとして、あくせく探す必要はありません。**

本を書いた関係で、私はよくこう聞かれます。

「ロスチャイルドみたいな大富豪には、どうやったら会えるんですか？」と。

いつも答えるのは、こういうことです。

「自分の器を大きくして、それを望めば必然的に会えますよ」

厳しいことを言いますが、自分の器が小さいままでレベルの高い方に会ったとしても、名刺交換をしただけで終わり。意味のある出会いにはなりません。

友達にその名刺を自慢することはできるかもしれませんが、相手からはまったく気にも留められないでしょう。


「大富豪に会いたい」という人は、いったいその出会いに、どんな意味を見出しているのでしょう？

ただ単に芸能人を見るような感覚で彼らを見てみたいだけなら、一流ホテルにある高級レストランで食事をするとか、グリーン車に乗れば、わかるでしょう。

けれども、**「何かを教わりたい」とか「メンターになってほしい」というなら、自分がそれに匹敵する人間でなければなりません。** まして一緒にビジネスをしたいというなら、あなたは大富豪にメリットを与えられる人間でなければならないのです。そうなると、結局は「自分を磨かねばならない」となります。

努力に応じてチャンスはやってきます。

✤「お金持ちに会おう」と考えなくていい

Step5

「こんな人からは、絶対に離れたほうがいい」

逆に、自分の器を大きくするために、〝つき合ってはいけない人たち〟もいます。

その最たるものは、悪口を言う人、あるいはグチを言う人です。

誰でも悪口を言いたくなることはあるじゃないか、たまにグチを言うくらいいいじゃないか、と思われるかもしれません。

しかし問題は、もっと想像以上に根深いのです。

悪口やグチがすぐに口からでてくる人というのは、心の奥深いところに憎しみや恨み、妬《ねた》みといったネガティブなものを必ず持っています。

それは、過去の人生の歪《ゆが》んだ経験から生じていて、悪魔のような恐るべき負の力として働いていることすらあります。そうした人が、幸せな成功者になれる可能性はありません。

しかも、こうした人に関わる人も幸せになれなくなり、それどころか、自分の子どもや孫の世代にまで影響を及ぼしてしまうことすらあります。

実際、悪口ばかり言う人の親も、悪口ばかり言っていることがほとんどです。おそらくは祖先から代々そういうものが染みつき、ずっと負の連鎖を生みだしているのでしょう。

あなたの前で他人の悪口を言う人は、陰ではあなたの悪口も言っています。

そんな人は信用せず、距離を置いたほうが無難です。

逆に、どんなときも明るく何事にも前向きな人は、正のパワーを持っている人です。そんな人物なら、社会的な地位がどうであろうとつき合えばいいのです。

幸せな成功者になる素質は十分にありますし、経済レベルを抜きにすれば、十分に幸せに満たされた人と言えるからです。

第8の秘密

人間的魅力をつける

ハイレベルな人から
一目おかれるコツを教えよう

ATTRACT

Step1

「神様は、こうして答えを教えてくれるんだ」

レベルが高くなりたかったら、レベルの高い人とつき合いなさい、と述べましたが、かと言って、人を差別するべきではありません。

謙虚に人の話を聞くというのは、「人脈の自由」を獲得するために、とても重要なことです。

「実るほど頭の下がる稲穂かな」という諺《ことわざ》があります。

実際の大富豪も、人前ではものすごく謙虚な方ばかりです。

とくに、**「神様は、誰かほかの人の口を借りて必要なことを教えてくれる」**というボイスチェンジの発想を持っていますから、彼らは相手が自分よりも格下だろうが、年下だろうが、よく話を聞きます。わからないことがあれば躊躇なく

「教え」を乞います。

たとえば、パソコンのソフトの使い方がわからないとき。

「彼は若いし、仕事がらソフトには精通しているな」……と思えば、20代の新入社員だろうが、アルバイターだろうが、「どうすればいいの？」とたずねます。

とくに専門知識であれば、大富豪はあらゆる分野に、ブレーンとなる人を押さえています。

それには時間を惜しむ発想もあり、調べるよりは第一線の専門家に直接聞くのが早いというわけです。

これを逆の立場から見てみれば、大富豪から「教えてくれ」と直に頼まれるわけです。非常に名誉なことだし、相手はとても嬉しく思うでしょう。

「教えを乞う習慣」も、人心掌握術になっているわけです。

✤誰からでも教わる

Step 2

なぜそんなに皆に、手厚くしてくれるのですか？

次にお話しするのは、幸せな成功者と不幸な成功者をハッキリ分ける習慣です。

「これだけ君に投資しているのに、どうしてそれに応えられないんだ？」

そういう気持ちがあると、不満を募らせるだけでなく、周りの人に怒りを抱くことになり、人間関係は悪くなっていくばかりです。

幸せな成功者は違います。いつも自宅のパーティで知り合った人たちを手厚くもてなしている大富豪に、私は質問したことがあります。

「なぜそんなに皆に手厚くしてくれるのですか？」

「決まっているじゃないか！　皆を喜ばせるのが、楽しくて仕方ないからだよ」

つまり、**「人をもてなせば、その人が味方になってくれるだろう」**とか、**「プレ**

ゼントを贈れば、こっちの期待に応えてくれるだろう」などという下心は、まったくないのです。「パーティをやれば皆の笑顔が見られる」とか、「プレゼントを渡すと、彼女も喜ぶだろう」と、純粋に喜ばせることだけを考えています。

相手が喜ぶことが、ただ嬉しくて仕方なく、そのパーティやプレゼントにかけるお金を、価値に見合わないものとはまったく考えていません。

そうは言っても賢く合理的な大富豪たちですから、人に誠意を尽くしたことが、回り回って自分に返ってくることを心得ているとは思います。

それは必ずしも、もてなした相手や、プレゼントを渡した相手から返ってくるとは限りません。「あの人は素晴らしい人だ」という評判が、回り回ってチャンスや人脈につながっていくわけです。

大富豪並の豪快なプレゼントは難しいかもしれませんが、「後輩におごる」「差し入れする」「ちょっとした贈り物をする」くらいなら、いくらでも私たちにもできることです。

♆人に使うお金に対し「見返り」を求めない

Step 3

「君にも、大富豪に与えられるものがある！」

「大富豪や幸せな成功者は、人に何かを提供するときに、見返りを求めない」という話をしました。それでも、あなたがもらいっぱなしになってしまっているばかりでは、いつまでも相手とは対等な関係になれません。

そもそも成功者たちは「ギブ・アンド・テイク」という信念を持っているもの。「まず与えて、それから受け取る」ということです。

そしてそれが**幸せな成功者のレベルになると、「ギブ・アンド・ギブ」（与えて、さらに与える）となります**。

上のレベルを目指すあなたが、そのまったく逆の「テイク・アンド・テイク」でいいわけがありません。**いくら相手が大富豪であっても、先に「ギブ」（与え**

る）するのが当然なのです。

でも普通の会社で働いているような人間に、「大富豪といったレベルの人に与えられるもの」なんてあるのだろうか？　絶対にあります。

たとえば「仕事の話」です。「うちの業界では今、こんな変化が起きているんです」などと現場だからこそ知り得る情報を話してあげれば、もともとビジネスチャンスに敏感な成功者たちですから、興味を持つ可能性は非常に高いでしょう。

趣味でも流行でも、生活する環境が相手と違えば、人生経験に劣っている人間でも、相手に教えてあげられる情報はたくさんあります。

「トニー君、よく知っているねえ。流石《さすが》だよ！」

幸運だったのは、私の場合、大富豪たちがこよなく愛するゴルフで使う、ゴルフクラブの開発をしていたことです。ですから、彼らがほしがる「ゴルフクラブの情報」をふんだんに提供できました。まず「与えた」からこそ、私も大富豪の教えを「授かる」ことができたのです。

✤もらう人でなく、与える人になる

Step 4

会う場所選びも、重要

「最近、仕事はどう？　何か面白い話はない？」

会うたびにそう問いかけてくる大富豪がいるくらい、彼らはビジネスチャンスに貪欲です。彼らは、自分の知らない分野においても積極的に知識を求めるから、「教えてもらう」ことをためらいません。

これが不幸な成功者ですと、驕りや変なプライドがあって、人に教えてもらう必要などないといった心根が、にじみでています。

情報は、まず自分が相手に与えないと、集まってこないという習性があります。

ですから、とある大富豪などは、ゴルフ中にランチをするときでも一般のレストランは使いません。**必ず個室で、メンバーだけのクローズな会食をします。**

海外の大富豪たちも、ホテルの貸し切った部屋に皆を招待してそこで食事をしたり、また自分の家に呼んでホームパーティをしたりすることが大半です。
そこでは普通の人が知り得ない情報ばかりが飛び交うから、部外者が聞き耳を立てるような場は、絶対に使いません。もちろんそのときは、「人が知り得ない貴重な情報」を自分が提供することから始めます。そうして惜しみなく提供するから、価値のある情報も集まってくるのです。

クローズな場所で情報を提供する

Step 5

常識として知っておきたい「話題」がある

大富豪たちが非常に好む話題というのが、いくつかあります。
たとえば「ワイン」。

ワイン好きが高じて、ワイナリーまで所有してしまう大富豪も、世の中には大勢います。それほどワインを愛しているのですから、こちらが生半可な知識を披露したなら、「何言っているの⁉」と逆に信用を失ってしまうわけです。

ただ、あまりにものを知らなければ、相手も話しがいがありません。ボルドーの話題がでて、「それってどこですか？」となれば、相手にされないでしょう。

有名なワインや飲み方のマナーなどは、富裕層とつき合う際の最低限の知識として押さえておく必要があります。

もちろん「ワインなど飲まない」という成功者もいますから、「成功するためにワインの知識を学ぶ」というのは本末転倒です。

むしろ大切なのは、**「相手が好きなものを事前に知り、それについてちょっとした知識を学んでおくこと」**だと思います。

たとえば、私がロスチャイルドと仲よくなれた鍵は、事前に、ゴルフ、フェラーリ、カラオケが好きだという情報を得ていたことでした。

そういう意味では、ゴルフはもちろん、釣りや写真、映画や鉄道だっていいのです。自分の好きなものに関して、誰にも負けないくらい知識を磨くのはいいことです。幸福な成功者は、例外なく知識欲が旺盛だからです。どんなことでも勉強しておいて損なことはありません。

「成功者が好む知識」に精通する

Step6

「〝幸せなお金持ちから好かれる外見〟を意識しなさい」

「人は、第一印象で選んで、ほぼ間違いない」

成功者たちが人に会うとき、見た目、つまり、第一印象を重視することは間違いありません。

それならば高級ブランド品を身につけなければいけないかと言えば、そういうことではありません。清潔感がある服を着て、相手に不快感さえ与えなければ十分です。髪がボサボサで、メイクが手抜きというのはいけません。

少なくともファッションについては、常識的な基準でいいのですが、より**幸福な成功者が重視するのは、その人が発揮するエネルギー**（オーラ）です。

何より、条件は、「明るい」こと。どんなにつき合うメリットがありそうな相手であっても、「暗いな」と思ったら、それ以上関わらないこともあります。

この「明るい」は性格のことではありません。別に社交的でなくても、恥ずかしがりやでも、話ベタでもいいのです。

ただ、物事を前向きに考え、どんな逆境にあっても、「今日より明日。人生は必ず好転していく」と確信していることが重要です。

幸せな成功者は、そうしたエネルギーを確実にキャッチするでしょう。

人生には、仕事が修羅場だとか、失恋したとか、とてもじゃないけれど、前向きではいられないような時期もあるでしょう。**でも、新しい幸せをつかむのは、そんなときでも前を向いて明るいエネルギーを発揮する人です。**まさに幸せな成功者たちは、「逆境のときも、ポジティブに考えて乗り越えてきた人」であることを忘れてはいけません。

✣「幸せなお金持ちから好かれる外見」を意識する

Step 7

どの国の大富豪にも不思議と共通する習慣

「どうして成功したのか？」と聞かれ、「それは、自分が努力したからだ」と答える大富豪ほとんどいません。

これは金メダルを獲ったアスリートや、ノーベル賞を受賞した研究者も同じでしょう。皆、「支えてくれた皆さんのお陰」だとか、「応援してくれた人たちがいたから」と答えます。これは、決してリップサービスではありません。

彼らは心から、「自分の力だけではできなかった」と思っています。それは大富豪たちも変わりません。

なぜかと言えば、1つは、人脈あっての成功だと考えているからです。

もう1つは、自分のお金がふえていった幸運に対し、説明ができない神がかったものを感じているのです。ですから、キリスト教やユダヤ教などを深く信仰している大富豪は多いし、祖先を非常に大事にしている人も多くいます。

日本にもお墓参りに行く人は多いですが、多くの人は、手を合わせるのは祖父の代くらいまでだと思います。

ところが海外の大富豪だと、一族の祖のような人々を崇敬していることが、結構あります。古い祖先の写真をラッキーグッズにしている方もいました。

朝、空を見て、故郷のお墓のある方角に手を合わせる人もいらっしゃいました。

自分を生んでくれた両親や祖先に対し、感謝の気持ちを持ち続けるのは「人脈の自由」を手に入れるための大前提です。

◆両親にも、先祖にも感謝する

第9の秘密

運命の人

10年後も変わらず、

その人を愛していると思うかい？

PARTNER

「好きな人と結婚しているようじゃダメだよ」

……なぜ、幸せなお金持ちに離婚する人はいないのか？

「異性を見るときは、今の姿だけを見ちゃいけないよ」

ことパートナー選びに関しては、大富豪たちの言葉には、非常に厳しいものが多くなります。

そうか、大富豪と言えば、離婚を何度も繰り返す人々。自分が痛い目に遭っているから厳しくなるのでしょう？

それは大きな誤解です。ＩＴ企業の社長やハリウッドのセレブといったお金持ちたちだけを見れば、離婚と再婚を繰り返しているようにも見えます。

しかし、本当に幸福な成功者たちや幸せな大富豪で、離婚した人は皆無に等しいでしょう。

実際、全米の億万長者世帯の92パーセントは既婚カップルであり、離婚率は億万長者ではないカップルの、3分の1以下という調査報告もあります。

なぜそういう結果がでるかと言えば、彼らは一般人とは違う視点で、生涯をともにするパートナーを選んでいるからです。

もう1つは、結婚後のパートナーシップのつくり方や、子どもの教育についての考え方も、通常と違っているからです。

ですから家庭崩壊などとならずに、「幸せな成功者」であることを持続していけるのです。

本章では「人脈の自由」のさらに深い部分にある、夫婦や家族のあり方について、幸せな大富豪の教えを学んでいきましょう。

「幸せな結婚ができるかどうか」のチェックテスト

……こんな相手なら、結婚しなさい！

幸福な成功者である1人の女性の、幸せな結婚生活を覗いてみましょう。

彼女も夫と同様、事業家です。子育てに専念していた時期もありましたが、今、子どもたちは海外の全寮制の学校に通わせています。

時間ができたので、もともと興味のあった美容について学び、自宅にサロンを開きました。当初こそ夫の資産や人脈を借りましたが、今では口コミで人気も集まり、すでに著書も何冊かだしているとか。

十分、自立できる収益を上げていますが、でも、だからと言ってそれで離婚するということは考えません。

それどころか夫のほうは、妻とタッグを組んで、さらに新しいビジネスを始められないかと考えています。すでに晩年を迎えているご夫婦ですが、夢はますます大きくなっています。

こんなふうに、大富豪の妻には「自分でビジネスをしている」人が大勢います。もちろん、夫はその資金への援助はしますが、経営は任せています。

一面では妻でありながら、もう一面ではビジネスパートナーとして、対等な関係を認めているのです。

不幸な成功者の夫婦になると、そうはなりません。

「若くて美人だから」という理由で妻を選んだ成り上がりの社長は、数年もすると妻に飽きてしまって家に寄りつかなくなり、家庭崩壊を招きます。

「お金持ちだから」という理由で夫を選んだ女性は、夫のビジネスが危機を迎えても贅沢な生活が捨てられず、多額の借金を抱えていく。そして没落していく夫を見て、こんな人と結婚しなければよかった、私は不幸な女と嘆き、離婚します。

逆に、女性が大富豪の場合もしかりで、大富豪である妻の財産を目当てに男性が女性を選んだとして、幸せな家庭を築けるわけがありません。

いずれも「お金で買えない大切なもの」の価値がわかっていないからです。お金に振り回されない「人脈の自由」を、しっかりと人間関係の基盤に置くべきでしょう。


幸せな結婚ができるかどうか？　次の項目をチェックしてみましょう。


［チェック①］婚約者が今の仕事（キャリア）をすべて捨ててゼロからやり直したいと言っている。それでもあなたは結婚しますか？

［チェック②］相手の尊敬できるところを3つ以上、すぐに言えますか？

［チェック③］相手の性格で自分と合うと思うものを3つ以上、挙げることができますか？

［チェック④］相手が50歳（あるいはそれ以上）になったときの姿を想像してください。それが現実化するとしても、あなたは結婚しますか？

Step 1

いいパートナーの見つけ方、選び方

では、パートナー選びから始めましょう。

大富豪たちがどこで伴侶となるパートナーを見つけているかというと、圧倒的に多いのは学生時代です。

意外かもしれませんが、大学時代につき合っていた相手と、そのまま生涯をともにするケースがよくあります。

これには、大きく分けて2つのパターンがあります。

まずは、「富を手に入れる前の、普通の学生だったときから自分を認めてくれた人間だから、将来にわたって信頼できる」ということから判断するパターンです。

典型的なのは、中国系の女性と結婚したフェイスブック創業者のマーク・ザッカーバーグでしょう。その出会いはハーバード時代に溯《さかのぼ》ります。一代で富を築く際には、どうしても厳しい壁に遭遇する場面がでてきます。学生時代からのつき合いであれば、そういう苦労を分かち合っているから、これからもともに乗り越えられると考えたのでしょう。

もう1つのパターンは、元から大富豪の家に生まれている人です。これも学生時代に知り合った異性が多いのです。というのも、彼らはたいていスイスの学校のような富裕層の子どもばかりが集まる学校に通います。そこで出会う相手であれば、お金持ちの人間が何を重んじ、どんな心構えで生活すべきかを学んできているので、結婚しても浪費癖で家をボロボロにすることがないと保証できます。

イギリスのロイヤルファミリーや日本の皇室も、このパターンの結婚です。

いずれにしろ彼らは、**「この相手を選んだら、将来どうなるだろうか？」ということを想定してパートナーを選んでいます。**

決して、その場の恋愛感情に任せてパートナーを選ぶことはありません。もちろん、そうした原則がわかっていれば、必ずしも学生時代のつながりから選ぶ必要はありません。

✢浪費家でない人、ともに苦労を乗り越えていけそうな人を選ぶ

Step2

相手の「将来性」を予測する

「相手の10年後を想像する」ことについて、もう少し踏み込んでみましょう。

普通の女性であれば、パートナーを選ぶ際に、「年収はいくらか」とか「容姿はどうか」ということを気にするでしょう。

けれども大富豪の奥さんに話を聞くと、こんな答えが返ってきます。

「この人は、そのうちすごいことになるなと思ったんです」

実はこの男性、若いころから何をしても失敗ばかりで、周りでは「あの人はダ

メだから、やめたほうがいいよ」と言う人も多かったようです。

それでも、「いつかすごいことをやる」と信じていたのです。

ある意味、妻自身が、幸せな成功者となる素質があったということでしょう。

では、どうすれば、そのような将来性を予測できるのでしょう？

もちろん「オレは成功者になる」という言葉を、そのまま鵜呑《うの》みにしてはいけません。

けれども**「目標をどう描いていて、具体的にどのようにそこに近づいているか」を時系列で見れば、行き着く先は想像できます。**

たとえば「将来は経営者になって成功する」と言っている人が、入社3年でちゃんとリーダー職についている。あるいは、「お金持ちになって幸福な生活をしよう」と言う人が、1年で持っている貯蓄を倍くらいにふやしている。

そうした成長度が目に見えれば、「いつかこの人は何かやる」と確信が持てるでしょう。

逆に、去年とやっていることが全然変わらないようであれば、論外なわけです。

ほかにも、相手の20年後の性格や容姿、家庭環境を想像して相手を選ぶ、という人が成功者には結構います。

「今の年収」や「今の容姿」にこだわって相手を選ぶと、年収や容姿が崩れたときに、不満が積もるばかりです。そうならないために、もっと先の未来を見て恋愛をすることも重要です。

パートナーは10年後、20年後を見据えて選ぶ

Step3

「何かを目当てに結婚しようとしていないかい？」

男性であっても女性であっても、幸せな成功者が絶対にパートナーに選ばないというタイプの人間がいます。

それは**第1に、「人の悪口を言う人」**です。その負のエネルギーが及ぼす影響は、前章で説明しました。

第2に、「ネガティブ志向の人」です。同じことでも、必ず悪くとらえてしまう人。これもパートナーに選ぶと成功を阻害する要因になります。

第3は「自己中心的な人」。自分のことしか考えず思いやりも感謝の気持ちもないような人は、仮に現在富んでいたとしても、没落するのが目に見えています。

第4は、意外かもしれませんが、「お金のかかる人」です。

その人とつき合うと、高級な場所に行かなければならない。高価なプレゼントを贈らなければならない。そういう人を選ぶから苦労するのです。

実は結婚に関して、大富豪がこんなことを言うのを聞いたことがあります。

「『何かを目当てに』結婚しようとする人は、絶対に避けたほうがいい」

つまり「お金の苦労をしたくない」という理由で相手を選んだ人は、必ずお金のことが原因になって離婚することになる。

「子どもがほしい」という理由で結婚をした人は、子どもが原因で離婚をする。そもそも結婚に、それ以外のものを求めれば、それが不幸の原因となるというのです。

結婚して幸せになる人は、たとえお互いがそれぞれ別々のゴールを描いていたとしても、お互いが相手を尊重し合い、引いたり押したりしながら支え合って結婚生活を送っています。

それ以外に関しては、幸せな成功者は、ほとんど気にしません。学歴にも、国籍にもこだわりませんから、国際結婚も多くあります。外見にしても、お金持ちだから美女や美男を選ぶわけではありません。

✤何かを目当てにして結婚はしない

Step 4

似ていていい部分、違っていていい部分

「自分とまったく違う人間だから、彼女を選んだ」

今の奥さんと結婚した理由について、そんなふうに話してくださった大富豪がいました。

結婚する際は、基本的には物の考え方や価値観が、ある程度一致している必要があるでしょう。しかし**人生は二人三脚ですから、同じものを持った人間より、違ったものを持つ相手に惹かれるのが、幸せな成功者の特徴**のようです。

たとえば、行動派の男性に対して理論派の女性とか、内向的に対して外向的とか、ズボラな男性が、細かい配慮の利く女性を選ぶといった傾向が見られます。

ただ、だからと言って、大ざっぱな経営者が細かい事務処理をしてくれる秘書

タイプの女性を選ぶとか、芸術家肌の女性成功者が、現実的な営業のできる男性を選ぶなど、**仕事面の損得を考慮して結びつくケースは、幸せな成功者にはあまりいません。**

というのも、幸せな成功者ほどビジネスと恋愛はしっかり区別するからです。

ですから、職場で一緒に働いていた女性と結婚するケースは少ないし、秘書に手をだすことも、幸せな成功者ならば絶対にありません。

なぜなら、仕事のパートナーが恋愛対象になることで、どうしても仕事に支障がでるからでしょう。周りの人間関係に影響がでることも避けられません。

幸せな成功者には、夫婦ともに仕事をしているケースが非常に多く、どちらかが社長でその相手の会社を手伝っている場合でも、お互いに相手の仕事には干渉せずに、任せきりのことが多いようです。やはり仕事には、私情をはさまないほうが、成功する可能性は高いのでしょう。

✤仕事と恋愛はキッチリ分ける

Step5

「やっぱり、浮気をして愛人を囲ってみたいかい?」

大富豪の男性というと、各地に愛人を2人、3人とつくり……という、お金にものを言わせた派手な私生活を想像する方が多いかもしれません。

もちろん、不幸な成功者にはそういう人はいますし、一夫多妻制の国であれば、何人も妻がいるものです。そういう例外を除けば、**幸せな大富豪や、一代から財を成しているような人には、皆無なくらいいない**のが事実です。

実を言うと、男性の大富豪の場合、「ちょっとした浮気をする」ことは、まあないわけではないのです。お金も時間もあり、人脈も広く、そのうえ世界中を飛び回る人も多くいますから、デートをするチャンスは、いくらでもあります。

ただ、浮気が本気に……と、暴走することはありませんし、愛人を囲うこともありません。なぜだと思いますか？

理由はいくつかありますが、1つは経済的なリスクが高すぎることがあります。愛人を囲うにはお金がかかりますし、妻にバレて離婚することになったら、精神面のみならず、経済面で多大な損失を被ります。そうした痛い目に遭った不幸な成功者は、**「お金を減らさない方法で一番大事なのは、離婚しないことだ」**と言っている人もいるくらいです。

別の理由としては、もともと色恋への関心が薄いことがあります。彼らのモチベーションはビジネスなどの得意分野で人に貢献することにありますから、勝利品のような気持ちで異性に手をだすことは考えていません。

そして何より大きな理由は、支えてくれた配偶者への感謝の念が深いからです。自分がこれだけのお金を持てたのは、パートナーのお陰だと考えたら、そのお金を使って、相手を裏切り、悲しませる行為はできません。**幸福な成功者になりたければ、ハーレムを持つような欲望は持たないことです。**

♔愛人は持たない

Step 6

女性が大富豪になるプロセスは、男性とは少し違う

女性であっても「経済」「時間」「人脈」「健康」の自由を手にして、幸せな大富豪になった人たちはいます。

しかし、そのプロセスは、男性とはやや違います。

男性の場合、自分の仕事で成功を収めてから4つの自由を手にする方がほとんどなのに対し、**女性の場合、もっとも多いのは、親や夫からの相続や、離婚による慰謝料などの外から与えられたお金を、金融のプロに運用させたり、投資用不動産を取得したりしてふやしていくパターン**です。

そうして資産をふやしながら、自由になる時間を使って、健康や美容、上質な仲間づくりにもふんだんにお金をかけ、4つのバランスを保つ方が多いのです。

ですから、男性と比較すると、若くして幸せな大富豪になる人は少なく、40代後半から50～60代になってから幸福をつかむ人がほとんどです。

ただ、今の時代は、女性でもビジネスを起こせますので、早いうちに自力で幸せな成功者になる人は、今後ふえていくでしょう。

注意したいのは、「成功者の男性と結婚することで、自分も成功者になりたい」と期待する女性は、多くが幸福を得られていないことです。それは、お金や地位や名誉といったものにゴールを見出してしまうからです。

そもそも、大富豪の夫の多くは自分が財布の紐を握るため、奥さんが専業主婦の場合は、自由になるお金を手にしていないのが普通です。したがって、「経済の自由」は得られず、本書で目指している幸福な成功者とは言えません。

むろん、自由に使えるお金をたくさん持っているかが幸福の基準ではありませんし、幸せな大富豪である夫の十分な恩恵にあずかり満たされてもいるでしょう。

重要なことは、自分が明確なゴールを持って行動しているかです。

多くの苦難を乗り越えて大富豪になった夫を、ずっと陰で支えていた奥さんを見ると、「夫は少し変わっているけれど、好きなようにさせればいいや」と口出しせずに見守り、「あの人はいつかうまくいくから」と夫のやることを黙認してきた方がほとんどです。

夫が成功するまでには、夫が会社を辞めて独立したり事業がなかなかうまくいかなかったりして、生活を切り詰めないとならないこともあります。

そこで奥さんが文句を言い、舵《かじ》を取ろうとしだすと、やはり結婚生活がうまくいかなくなります。

それを乗り越えるには、「いつか成功する、贅沢を満喫できる」と期待するだけではなく、お金があろうがなかろうが、ありのままの夫を愛していけることが条件になります。

✤女性が大富豪になるプロセスは、男性とは違う

Step 7

共稼ぎ夫婦への注意点

〝経済の自由（お金）ばかり突出するとよくない〟というと、「では、夫婦共稼ぎで世帯年収がかなり多い場合は、問題が起こりやすいのでは？」と誤解する方がでてきます。

そんなことは、ありません。

夫婦が共働きをする場合も、お互いにしっかりした目標や生きがいを持って仕事をしているケースは、ともにうまくいきます。お互いのゴールがはっきりしていて、ともにそれを認め合い、協力し合う関係ができていれば大丈夫です。

目標とは、決して「夫の事業を支えたい」とか、「子どもに資産を残したい」といった、パートナーや家族のための目標ではありません。

たとえば、「将来は老人ホームを建てて、社会貢献を果たしたい」とか、「ネイルサロンをオープンして、美容の仕事で大成したい」というふうに、妻は、夫や家族とはほとんど関係のない別の目標を立てているようです。

逆に「お金は多ければ多いほどいい」という理由で共働きをしている夫婦は、結局はお金のことでお互いの考えが合わなくなり、離婚することが多くなります。

ちなみに、〝幸せな成功者〟と呼ぶには、結婚していることが条件かと言えば、それは関係ありません。

たとえば男性の例ですと、「籍は入れていないけれど、素敵な女性と夫婦同然に暮らしている」という人は、何人もいます。もちろん、そのうち子どもができて、結局籍を入れたという人も結構います。

要は、信頼できるパートナーと誠実で心安らぐ関係を築いているなら、それでまったく問題はないのです。たとえば少数ですが、同性愛者ということで独身を続ける幸せな成功者も、世界にはいます。

結婚するかどうかは、人生をどう歩むかという価値観の問題というだけであり、一人のほうがずっと幸せというなら、それで全然構わないでしょう。跡継ぎだって、必ずしも必要条件ではないと私は思います。

「人脈の自由」とは、世間一般で言われている人間関係にしばられるのでなく、自分が大切にしている人間関係のみを、しっかり重視できることです。

「周りの人が結婚しているから、自分もしなければいけない」とか、「パートナーがいないから自分は不幸だ」と考えたら、人間関係から自由になっているとは言えません。

パートナーシップや家族構成も含め、まずは自分が望む人とのつながりを、しっかり目標に落とし込むことが大切です。

✤お互いの目標を尊重し合う

Step8

「妻(夫)や子どもに、どう接しているかい?」

夫婦関係も含めて、大富豪の多くは、家族を非常に大事にしています。なぜならば**家族とは、人脈の中で一番核になるもの**だからです。

人脈の中心にあるものとすれば、夫婦でも親子でも、お互いにリスペクトできなければ仕方ありません。

ところが、日本人の男性には、表で奥さんのことを、あまりよく言わない人が多くいます。女性のほうだって表にでれば、それこそ「亭主元気で留守がいい」などと、悪く言っていることがあると思います。

大富豪の家庭だと、そういうことがありません。

たとえば「妻には頭が上がらないんだよ」と尊敬している男性は多いし、女性の場合でも皆さん、自分の夫を立てて話をします。**そして、男女とも、「自分のパートナーは、こんなふうに人生を考えている人間だ」と、ハッキリ伝えられるのが幸せな成功者の特徴です。**

そうした関係を維持できる背景には、彼らが家族とともにすごす時間を、何よりも優先してつくっていることがあります。

「時間の自由」をしっかり確保しているから、仕事やお金の制約にとらわれず、十分に話し合い、一緒にレジャーを楽しむことができるわけです。

もちろん、子どもたちの未来の幸福も真剣に考えています。

すなわち、本書で述べている「４つの自由」に通ずる〝大富豪の哲学〟を学ばせるために、徹底した教育を受けさせるのです。「そのためには、いくらお金をかけても構わない」とすら、彼らは考えています。

たとえば「習い事」が、その象徴でしょう。それは一般の日本人が子どもを進学塾に通わせる感覚とは違います。**何を習わせるかの基準は、子ども自身が楽し**

いと思っているかどうかです。やはり、「好きなことに時間を使う」というのが彼らの考え方だからこそ、いろいろな機会を与え、興味あることを探させます。

結局、大富豪が重視しているのは、「お金では買えないもの」だということ。我が子に資産を残すことはできますが、それにふさわしい「器」を買い与えることはできません。それでも、我が子の器を大きくしたいから、彼らは時間とお金を惜しまずに、さまざまな手を尽くすのです。

仮にあなたに子どもがいて、その子が「そうなれるだけの器を持っている」とすれば、大富豪たちは、あなたをとても羨ましがるでしょう。

「うちよりも家庭が温かそうだよね」

家族という人脈も、大富豪たちが一番ほしがる「お金では買えないもの」です。

すでにその素晴らしい家族がいるのに、出費や時間を惜しんで家族からの信頼を失うようなら、まったく本末転倒になってしまいます。

✤「家族」を第一に考える

Step9

子どもを「跡継ぎ」にしていいか

世界には、ロスチャイルド家のように徹底した家系継承をしている一族もありますが、**多くの幸せな成功者は子どもに事業を継がせることを望んではいません。**

大富豪というわけではありませんが、東京には創業して200年以上経った会社の社長ばかりが集まる「二百年会」という会があります。

有名なところでは、羊羹の「虎屋」や、くず餅の「船橋屋」などがありますが、こうした会社が200年も続いた理由は、必ず途中で血のつながっていない後継者を迎え入れているからです。

つまり、「子孫が幸福になること」と「自分のつくったビジネスが永続していくこと」は別の問題だと考えているのです。息子や孫が、必ずしも経営者に最適とは限りませんから、その選択は正しいと思います。

それでも資産は子どもに残すだろうと思いきや、たとえばウォーレン・バフェットなどは、「財産の99パーセントを全部寄付して、子どもには一切相続させない」と言っています。

これは子どもを愛していないのでなく、むしろ本当に子どもを愛しているからでしょう。

幸福な成功者は、「いくら息子や娘にお金を残しても、使ったらおしまい。その次の孫やひ孫の代まで面倒を見ることはできないこと」そして、「自身の器を超えたお金を手にすれば、そのせいで不幸になりかねないこと」もよく知っています。

ですから、それだけの器を身につけてほしいという理由で、スキルや知識を重視した教育を徹底するわけです。

子どもを「跡継ぎ」とは考えない

第10の秘密

心と体

一生、元気でパワフルに、
人生を楽しまなきゃね！

HEALTH

「自分の体に、いくらお金を投資しているかい？」

……幸せな成功者が「最悪」と考える2つのこと

「人生で、『最悪だ』と思われることを2つ挙げるとしたら、何と何だと思う？」

とある大富豪の答えは、「死ぬこと」と「体が動かなくなること」でした。

この2つはどちらもお金には代え難いものであり、人間は誰しも死を免れることはできません。

ただ、「体が動かなくなること」は、健康管理次第で防ぐことができます。

これまで、「経済の自由」「時間の自由」「人脈の自由」と、幸せな成功者になるために必要なことを学んできましたが、実はそのすべても「体が動かなくなる」という事態になれば、満喫しにくくなります。ですから幸せな成功者になるためには、最後の「健康の自由」を手に入れることは絶対条件です。

「健康の自由」を得る条件は、非常に簡単なことです。

要は、何歳になっても、健康であり続ければいいだけ。

そのために「体にいいこと」をする習慣をつけていくだけです。


「健康に払うお金に、糸目をつけちゃいけないよ」


大富豪は健康のためなら、お金も時間も惜しみません。健康のために年間600万円くらいかけるのは当たり前で、1000万円の投資をしている人もいます。

やっていることもまるで〝オタク〟に近いくらいで、サプリメントを摂り、有機野菜を食べ、水素水を飲み、人間ドックを年に4回も受け、精神科医に定期的に通いと、ありとあらゆることを試す人もいます。

また女性では女優のアンジェリーナ・ジョリーのように、乳がん予防のために乳腺を切除する人もいます。

そこまで健康管理を大事にするのも、幸せな成功者には、定年や引退がないからです。死を迎える瞬間まで、人生をかけた挑戦を楽しむために、体のメンテナンスを怠らないのです。

そのせいか、大富豪には、極端な肥満やタバコを吸わない人が多いことは事実です。ただ、まったく太った人がいないかというとウソになりますし、タバコだって吸う大富豪はいます。

大富豪が必ず長生きかと言えば、それも、必ずしも当てはまりません。健康に細心の注意を払っていても、それでも早死にしてしまう人はいるのです。これぱかりは天命ですから、どうしようもないのでしょう。

ただ、与えられた寿命を短くしないように、ベストを尽くすことが大切なのではないでしょうか。

いずれにせよ、収入に応じて、健康への投資も比例してふやしていくのが、彼らの考え方です。

「120歳まで予定がある人」「定年後が見えない人」

……リハビリの回復度にも歴然の差

人生のゴールを描いてもらうと、「健康の自由」を意識している人と、そうでない人の差はハッキリでてきます。

それは、**何歳までのゴールを描けるか**、ということにあらわれます。

健康を意識していない人は、それこそ定年退職後の人生は尻すぼみで、「孫に温かく見送られて生涯を送る」といったイメージしかでてきません。

健康を意識している人になると、200歳までの未来年表をつくっています。

人間がそこまで生きられるかどうかは不明ですが、医学的には、125歳以上は生きられるとか、140歳を超えられるとも言われています。

要は健康管理をしながら、永久に成長し続ける、生涯現役の人生を思い描くことが重要なのです。

これを痛感するのが不幸な成功者である、大会社の重役だった男性の話です。現役時代は羽振りもよかったのですが、定年直前に脳卒中で倒れ、今は満足に歩き、話すこともできません。

たとえ倒れても、リハビリすれば回復する人はいるのに、彼の場合、その後の将来にまったく夢が持てないから、そこまでの気力もでてこないわけです。

一方で、私が知っているゴルフ雑誌の編集長をしていた人は、収入では大富豪とは言えないのですが、引退してから、あらゆる自由に満たされた幸福な生活を手にしました。

というのも、彼は九州の高台の海の見えるところに土地を買い、自給自足の生活をするようになったのです。

丸太で家を建て、そこに畑をつくり、自家農園を始めました。体を動かし、新鮮な無農薬の野菜や釣れたての魚を食べるハッピーな毎日で、歳をとっても実に快適に暮らしています。

おまけに夕方になると地元の人たちが集まり、ギターを奏でながら宴会をするという具合ですから、とても満たされた人間関係も手に入れているわけです。

こんな人生も「健康の自由」があってこそ。その秘訣を学んでいきましょう。

Step 1

「毎日、体を動かしているかい？」

「健康の自由」を手に入れるために、まず簡単なのは、「運動をする」ことです。

大富豪たちは、ほぼ例外なく運動する習慣があります。具体的にはスポーツをしたり、フィットネスをしたりということですが、「体が資本である」ことを知っていますから、決して怠りません。

中には本当に体を動かすのが趣味になっている人もいて、時間さえあれば、始終運動をしているような人もいます。

たとえば以前、ＩＴ企業の某社長とゴルフにご一緒したときは、終わってからそのままフィットネスに行っていました。朝早くから散々プレーして、さらにフィットネスとは驚きでしたが、彼にとっては普通のことだったようです。

フィットネスクラブに行かずに、外にでてウォーキングやジョギングをする方も大勢います。とくにハワイに住んでいる大富豪には、毎朝早く起きてジョギングしている人が多かった記憶があります。

ほかにも、もちろんゴルフをする人は多いですし、水泳、サーフィン、スカイダイビングと、何歳になってもスポーツを愛する成功者は大勢います。

体を動かせば、健康になるだけでなく、脳にもメリットがあります。ギリシャ時代の哲学者など、歩きながら考えるのを習慣にしていたくらいです。

それにゴルフなどは、それが人脈形成の場でもあり、時には打ち合わせや商談の場ともなるわけです。事実、「大事な商談はグリーンの上で決まる」とすら言われています。

逆に言うと、運動をしなければ健康に悪いうえにストレスも溜まり、アイデアもでなくなり、おまけに肥満のリスクまで抱えるわけです。「時間がなくて運動できない」などと言っている場合ではありませんね。

♣毎日、習慣的に体を動かす

Step2

「これも〝脳が冴える〟いい刺激になるんだ」

大富豪ともなると、家事はすべて家政婦がやり、車の運転は運転手を抱えと、とかく自分で動かない生活を想像されるかもしれません。

けれども実際は正反対で、車の運転はもちろん、買い物も料理も、ガーデニングなども自分でする人が結構います。

彼らは実にアクティブでパワフルです。

そもそも彼らは、自分でコントロールできるものは、自分で責任を持って実行したいと考えます。何から何まで人に頼ることを、とても嫌うのです。

つけ加えると、いろいろなことを自分でやることで、知識や経験はどんどん広がっていきます。彼らはショッピングや運転、料理などという、ふだんと違うことを体験することで脳を活性化し、頭の中がマンネリ化して、老化することを防いでいるわけです。

家に閉じこもりっぱなしでは、だんだん気持ちはネガティブになるし、心の若さも失われていくでしょう。

「買い物は妻に任せっぱなし」というのでなく、自分も外にでてみれば、新しい発見や出会いがあるかもしれません。

料理を始めてみたり、また、外食する際も行きつけの店ばかりでなく、たまには隣の駅まで行ってみる。

こうした新しい経験がワクワク感を生み、心のエネルギーを若々しく保ちます。

大富豪には自分の家を持たず、賃貸住宅やホテルを転々として、しょっちゅう住む環境を変える人もいます。これも変化を起こすことで、脳に刺激を与えているのでしょう。

✣人に頼った生活をしない

Step 3

「シンプルにすれば、ストレスがなくなるし、大きく稼げる」

大富豪も幸福な成功者たちも、通常の人よりはるかにストレスの「ない」生活をしています。

というのも、彼らはストレスをかけてお金をふやすようなことはしていないからです。**好きな仕事をし、ストレスのない環境をつくることに投資し、自由な時間をつくりながら、バランスよく成功レベルを上げているのです。**

幸せな成功者は、行きたくない場所や行かないほうがいいと感じた場所には、行きません。

そんなストレスをかけて収入を得るよりも、もっと自分が楽しめる仕事に時間を使ったほうが、何倍も効率よくお金をふやせると考えているからです。

不幸な成功者は、これとまったく逆のことをしているわけです。

やりたくない仕事でも「儲かる」と思えば時間を費やし、行きたくない場所に行き、会いたくない人に会って、ストレスを増幅させていきます。

しかも「心を満たす時間」や「心を満たすもの」にお金をかけないから、心の健康はますます蝕まれていきます。いくら収入がふえても、これでは幸福感は得られません。

「人間は、所有できるものの数が決まっている。だから器は、いつもカラッポにしておかなくてはいけないよ」

大富豪の家に行くと、意外にもモノが少ないことに気づきます。もちろんコレクションを持っている方はいるのですが、それも心を癒してくれる十分な価値がある場合がほとんどです。

それに対して、普通の人や不幸な成功者が飾るものと言えば、賞状やトロフィーだったり、お土産にもらった民芸品だったりするわけです。

これらは、「過去の自慢」にはなっても、「心を癒すもの」にはならないでしょう。過去の栄光にひたってしまい、前進を阻む要素になることもあります。

ですから大富豪の中には、あっさり高級な家具などを人にあげてしまう方もいるのですが、そうやって手放せば、新しい経験や、新しいビジネスチャンスなど、何かが入ってくることになります。

基本はいつも「必要なもの、心を満たすものだけあればいい」。

だいたい、ものがゴチャゴチャとありすぎれば、掃除の邪魔になりますし、維持するスペースや、メンテナンスをする時間をとられてしまいます。

情報においても同じです。

テレビからの情報、ネットの情報、新聞雑誌など、情報が氾濫すれば、頭を掻き回されるばかりで、本当に自分が考えるべきことに集中できなくなり、ストレスが溜まっていきます。

ですから彼らは、モノや情報を必要最低限に絞り、シンプルを心がけるのです。

ちなみに、幸せな成功者たちは、「デスクに書類がたくさん積んである」といったことがありません。きわめてキレイに片づいています。それは成功者のマインドをつくるために必要なのです。

片づけて、ストレスのない環境をつくる

Step 4

良いストレスと、悪いストレス

ストレスには、良いストレスと悪いストレスがあります。

良いストレスとは、「これをやるぞ」という目標をつくったときにかかるプレッシャーです。重くのしかかることは確かですが、そのかわり、成し遂げれば大きな達成感を与えてくれます。

悪いストレスは、たとえば、天候とか景気のような、自分の力でコントロールできないようなものに対して抱えるストレスです。こちらは持てば持つだけ、体が蝕まれるでしょう。

ストレスがない環境をつくっているというと、「幸せな成功者は、さぞかしのんびりした生活をしているのではないか」と思うかもしれません。

けれども彼らだって、根を詰めて働くときはあるのです。のんびりしているだけで成功するなんてことは、残念ながらありません。

ただそういうときも、幸せな成功者は、「良いストレス」だけを持って努力するわけです。おそらく仕事をしている間は、没頭していて、辛さなど忘れているのではないでしょうか。

一方、そうして努力した結果に対して、「どうしてうまくいかないんだ」などと不満を抱えたら、それは「悪いストレス」になります。**結果にカッカしている経営者は、不幸な成功者です。**

仕事の結果は、社会環境や業界周辺の事情などにも左右され、自分でコントロールできない部分が少なからずありますから、幸せな成功者ならば、状況を冷静に分析するだけです。

よく成功者は短気で怒りっぽいと言われますが、幸せな成功者に関して「短気」なのは事実かもしれません。

というのも、何事も素早く行動するのが信条なわけです。しかも「できるだけ早くやろう」と、良いストレスを過剰なくらいに自分にかけます。

しかし、「何かに対して怒る」というのは、「悪いストレス」にほかならないわけです。ですから幸せな成功者は、ほとんど「怒る」ということがありません。

ついカッカする人は、ぜひ気をつけてほしいと思います。

短気でも怒らない

Step 5

「金持ちケンカせず」の真の意味

幸せな成功者がほとんど怒らないというのは、「金持ち、ケンカせず」という言葉がよく象徴しています。

これは「お金で片をつけられるから、ケンカをしない」ということではありません。憎しみや妬みを態度にだしたり、悪口を言ったりすれば、負のものを自分に引き寄せることになります。何の問題解決にもなりませんし、「健康」や「人脈」にまで影響するでしょう。

怒ったり恨んだりしたら、マイナスの連鎖が起こるだけなのです。幸せな成功者たちは、そのことをよく知っています。

では、どうやって怒りの感情を起こさないようにするか？

それは、「感謝」の気持ちでバランスを取るのです。

たとえば仕事で失敗した。あるいは友人から、嫌な思いをさせられた。

普通ならば、怒りの感情がわいてきても、プラスの感情など生まれてはこないでしょう。

けれども、失敗したのは、自分のこういう部分が足りなかったんだと気づく。

あるいは友だちに対して、自分自身も嫌な思いをさせていたんだなと気づく。

そうした「気づき」を得て、悪いところを改善することで自分自身が成長できるなと思えば、感謝の念が生まれてくるはずです。

そうやって感謝の気持ちを抱いてバランスをとれば、仕事においては次のチャレンジで挽回することができますし、友人との関係も今まで以上に深まるでしょう。そして心の健康はまったく傷つくことなく、ストレスフリーの状態でいられるのです。

✤怒りがわいてきたら、感謝の気持ちで心のバランスをとる

Step 6

「食事には、気をつかっているかい？」

次は食事について考えてみましょう。

大富豪たちが、いつも豪華なものばかり食べていると思ったら、間違いです。

もちろん、人一倍、豪華な場所で食事をする機会はありますし、中にはシェフを雇っている人もいます。けれどもそれは、「人とのつき合いのため」「自分の時

間をつくりだすため」など、きちんとした理由があってのことです。

実は、大富豪ほど、食べることは極端な話、「空腹を満たせて、健康によければいい」という程度にしか考えていないものです。時間がもったいないから、立ち食いそばですませる経営者もよくいます。

これが一般の人であれば、「給料日だから、オシャレなレストランで、話題のシェフのディナーを食べよう」などと考えるのですが、そういう感覚は大富豪にはありません。

つまり美味しいかどうかという以上に、**だすお金に見合って空腹感が満たされ、健康を保たれるならば、それでいいと考える**わけです。ですから、納豆にご飯に梅干しといった粗食だろうが、一切気にしないでしょう。

ただ、「健康に悪い食事」には、お金をかける意味はありませんから、ファストフード店に行くというのは、あまり聞いたことがありません。

大富豪は、50歳以上の方が多いものですから、それほど量は食べません。深酒もしないのが普通です。そのうえで、1日2食だとか、野菜中心のヘルシーな食事にする人が多いようです。暴飲暴食は、現代人にとって一番、気をつけたいこと。糖尿病や高血圧などの生活習慣病はほとんど食べすぎが原因です。「健康の自由」を阻む要因でしょう。自律心のある大富豪ほど、実はこうした病気になることも少ないのです。

✣健康によければ、どんな食事にも満足する

Step 7

頭を空っぽにしてリラックスする習慣が、人生を飛躍させる

「じっと座って観察すると、自分の心に落ち着きがないことがよくわかる」
「じっくりと時間をかければ心は落ち着き、とらえにくいものの声が聞ける」

これは石川県のお寺を訪ねて、「禅」を習慣的に行なっていた故スティーブ・

ジョブズ元アップルＣＥＯの言葉です。

その生きざまは「幸福な成功者」と言いにくい彼ですが、それでも心をリラックスさせることの意義を重要視し、その心境に近づこうと努力していたことはよくわかるでしょう。このように「リラックスする方法」を真剣に学び、そのために時間とお金を惜しまない成功者たちは大勢います。


実は、ビル・ゲイツをはじめ、世界の富豪番付の上位に君臨する大富豪が、日本へお忍びでスキーを楽しむために毎年集まっており、ここは仕事を抜きに心からエンジョイするための憩いの場になっているそうです。

お忍びであるため、ここで詳細は書けませんが、私もお誘いの話をいただいたことがあるので、ぜひ今度お誘いを受けたら行ってみようと思います。

こういう心をリラックスさせる習慣は、私たちも心身の健康を維持するために、取り入れていくべきでしょう。温泉に行ったり、森林浴をしたり、クラシックを聴いたり、方法はいろいろあると思います。

リラックスとは、脳科学的に言えば「アルファ波をだすような環境に自分を置く」ということです。

これはお風呂に入り、湯船に浸かってゆっくりした状態でも十分です。海外の成功者は、ジャグジーに浸かって長く半身浴することも好みます。

よく言われるように、モーツァルトのクラシック音楽を無心で聴くことも、そうした状態になります。

♧スキルとして「リラックスする方法」を身につける

Step 8

最終的には、これが一番の健康のコツ

幸せな大富豪や幸せな成功者に共通しているのは、**死ぬときまでは、世の中に対して、何か自分ができる仕事をやっていこうと考えていることです。**

もちろん会社を退職して、環境が変わり、仕事が変化することはあるでしょうが、どんな形であろうとも、世に貢献し続けたいと考えます。

世間には、「アーリー・リタイアメント」などと言い、「ある程度稼いだら、引退してのんびり暮らそう」と夢見る人もいます。

それはそれで楽しいのかもしれませんが、それは、私は幸せな成功者であるとは考えません。

なぜなら、それでは仕事を「お金を稼ぐもの」としか考えていないからです。

そうしたゴールを持っている限りは、お金に働かされるラットレースの状態と変わりません。

幸せな成功者は、何歳になっても自分が決めた最終ゴールへ向けて成長する思いを捨てません。

しかも現代は、人生100年も珍しくない時代に入っているのです。60歳の人にも、まだ40年分、夢を描く時間があるということですから、できることはいくらでもあります。それを「引退生活」などという言葉で定義するのは、とってももったいないことです。

実は人間は、「人生をかけた目標は終わった、もう引退だ」と感じた瞬間に、体に〝終了スイッチ〟が入り、精神面やさまざまなところに不具合がでてくるそうです。

ということは、「一生現役」でいこうとゴールを限りなく先に描いている人ほど、長く健康でいられるということ。

100歳をすぎてもイキイキとパワーあふれる肉体や、自由に使えるお金、時間があり、いい人間関係に恵まれた人生が送れるなら、最高だと思いませんか？これこそ大富豪たちも望む、究極の幸福の形なのです。

✤生涯現役を意識する

本書は、本文庫のために書き下ろされたものです。

世界《せかい》の大富豪《だいふごう》2000人《にん》が
こっそり教《おし》えてくれたこと

著者　トニー野中（とにー・のなか）
発行者　押鐘太陽
発行所　株式会社三笠書房
〒102-0072 東京都千代田区飯田橋3-3-1
電話　03-5226-5734（営業部）03-5226-5731（編集部）
http://www.mikasashobo.co.jp
印刷　誠宏印刷
製本　ナショナル製本

ISBN978-4-8379-6692-0 C0130

王様文庫